乱流のホワイトハウス

トランプ vs. オバマ

乱流のホワイトハウス

尾形聡彦
Ogata Toshihiko

トランプ vs. オバマ

岩波書店

はじめに

2017年6月1日午後3時半すぎ、新緑が美しいホワイトハウスのローズ・ガーデンにあらわれた赤いネクタイ姿の大統領、ドナルド・トランプは、ゆっくりと声を張り上げた。

「米国は、パリの気候変動協定から離脱します(the United States will withdraw from the Paris climate accord)」

世界各国だけでなく、米国内からも批判されることを覚悟したうえでの発言だった。

批判は世界中で響き渡った。米CNNのアンカー、ファリード・ザカリアは「今日は、米国が自由な世界のリーダーの座から降りた日になるだろう」と語った。米メディアでは、およそ100年前に米議会が国際連盟への加入を批准しなかった1919年の事態になぞらえ、米国の孤立をおそれる報道もあった。

私は、トランプのかなりこわばった、緊張した表情が強く印象に残った。トランプは、「パリ協定から離脱します」というわずか10単語の英文を読み上げるのに、4度、原稿に目を落とした。一語一語読みながら何度も顔を上げ、聴衆の反応を注意深く伺っていた。

ホワイトハウスでパリ協定からの離脱を表明するトランプ米大統領
2017年6月1日

トランプは感情を顔に出す大統領だと私は思う。不愉快だったり、神経質になったりしているときははっきり表情に出る。パリ協定離脱を発表した際のトランプの顔は強いストレスを感じているときのものであり、大きな決断をした高揚感はなかった。

トランプが、不興を買うのを承知で、こわばった表情で「パリ協定離脱」を発表するのを目にするうち、私は、彼がそうせざるを得ないところまで追い詰められているのだと感じた。

トランプが追い詰められている理由は、明らかに「ロシア疑惑」だった。トランプ陣営とロシア政府が「共謀（collusion）」して、２０１６年の米国の大統領選挙に介入していたというロシア疑惑が深まっていた。そのなかで、トランプは２０１７年５月９日、疑惑を捜査していた張本人のＦＢＩ長官のジェームズ・コミーを解任するという「大きなミス」を犯す。

１９７０年代のウォーターゲート事件で大統領のリチャード・ニクソンを追い詰めたのと同様の事態をトランプは自ら引き起こしたと私は感じる。その後の自身の「失言」で、大統領弾劾につながりうる疑いが急に濃くなった。

トランプの側近や与党の共和党も大統領を守りづらくなるなかで、トランプが頼ろうとしたのは、自分にとって最も強固な支持基盤である米国の保守的な有権者たちだったのだと、私は思う。だからこそ、トランプはこの日、パリ協定から出て行くのは、大統領選中の支持者への約束を守ろうとしているからなのだ——というメッセージを鮮明に打ち出していた。

パリ協定に残るか、離脱するかは、1月にトランプ政権ができてからずっと内部で話し合われてきたことだった。3月や4月には、「残留派」が力を強めていた時期もあった。しかし、トランプは5月、次第に、離脱へと再び傾いていった。それは、ロシア疑惑で追い込まれていく時期に重なる。

トランプ政権は、入国禁止令を出しては裁判所に差し止められる初期の混乱期を経て、4月にはいったんは実質的な統治をエリートたちが仕切る方向に落ち着きつつあったと私は思う。それがシリア攻撃や税制改革案の打ち出しにつながった。しかし、5月にロシア疑惑が深まったことで、トランプは「強硬路線」へと舞い戻り、再び混乱期に入ったように、私は感じる。

そのトランプ政権のノドに刺さった大きなトゲである「ロシア疑惑」の捜査を深めたのは、政権交代直前のオバマ政権だった。そして、トランプはバラク・オバマと張り合おうとする意識がことさら強い。オバマの歴史的な業績を引っくり返そうとする思いが強く、パリ協定からの離脱はその典型例だ。6月16日には、キューバに対する制裁強化も打ち出し、キューバとの国交回復を実現したオバマのレガシー（遺産）を巻き戻すことに、トランプは躍起になっている。

トランプ政権を読み解くカギは、オバマ政権にあり、二つの政権の確執が、乱流のホワイトハウスの背景にある。

本書では、トランプ政権の本質とは何なのか、その政権の帰趨を決めるロシア疑惑の中身、そして大統領弾劾の行方を考えたい。また私が6年前の２０１１年に目撃した、トランプに大統領選出馬を決意させたオバマとの「因縁」に触れる。さらにトランプが強烈な対抗心を燃やすオバマ政権とは何だったのか、オバマの実像を最も端的に示した広島訪問の真の理由と、オサマ・ビンラディン殺害作戦の内幕に迫りたい。そして、米国の本音はどこにあるのか、その超大国とつきあう日本の進路はどうあるべきなのか、へと議論を進めたい。

私は、オバマ政権時代、ホワイトハウスで米主要メディアに交じり、多くの場合、唯一の外国人記者としてインナーサークルに入って取材する幸運を得た。米メディア記者と同じレベルの情報にアクセスし、ホワイトハウスの権力構造や中枢部分での政策決定に触れてきた。同時に私はそれらを外国人として、何よりも日本人として、米メディアとは違う、いわば外からの視点で取材してきた。

今回、周囲の多くの人から、そもそも私が米国の最強組織をどう取材していったのか、そしてそのなかでみえたホワイトハウス内部の実状や、それを踏まえた視点を生かしたほうがいい、というアドバイスをいただいた。助言を生かし、本書では私自身の見方や分析を多く盛り込んでいる。

1人の日本人記者が米国の政権にどう食い込んでいき、そこからみえたホワイトハウスの実像はどんなものであり、今後米政権はどう動いていくのか――。そんな観点で本書をお読みいただけると幸いである。

- 文中の敬称は略した。
- 円への換算は、2017年6月中旬の為替レート、1ドル＝110円で計算した。
- 写真は、出典が記載されていないものはすべて朝日新聞社が提供している。

目　次

目　次

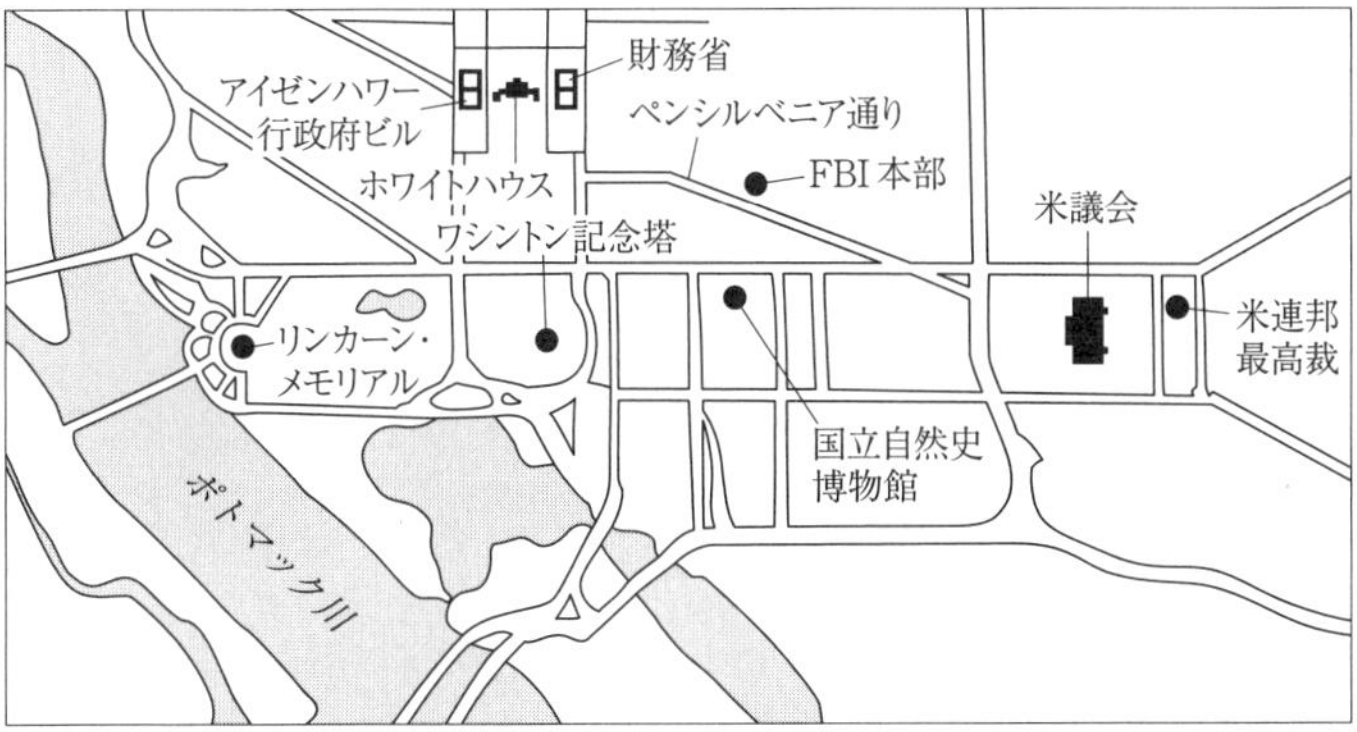

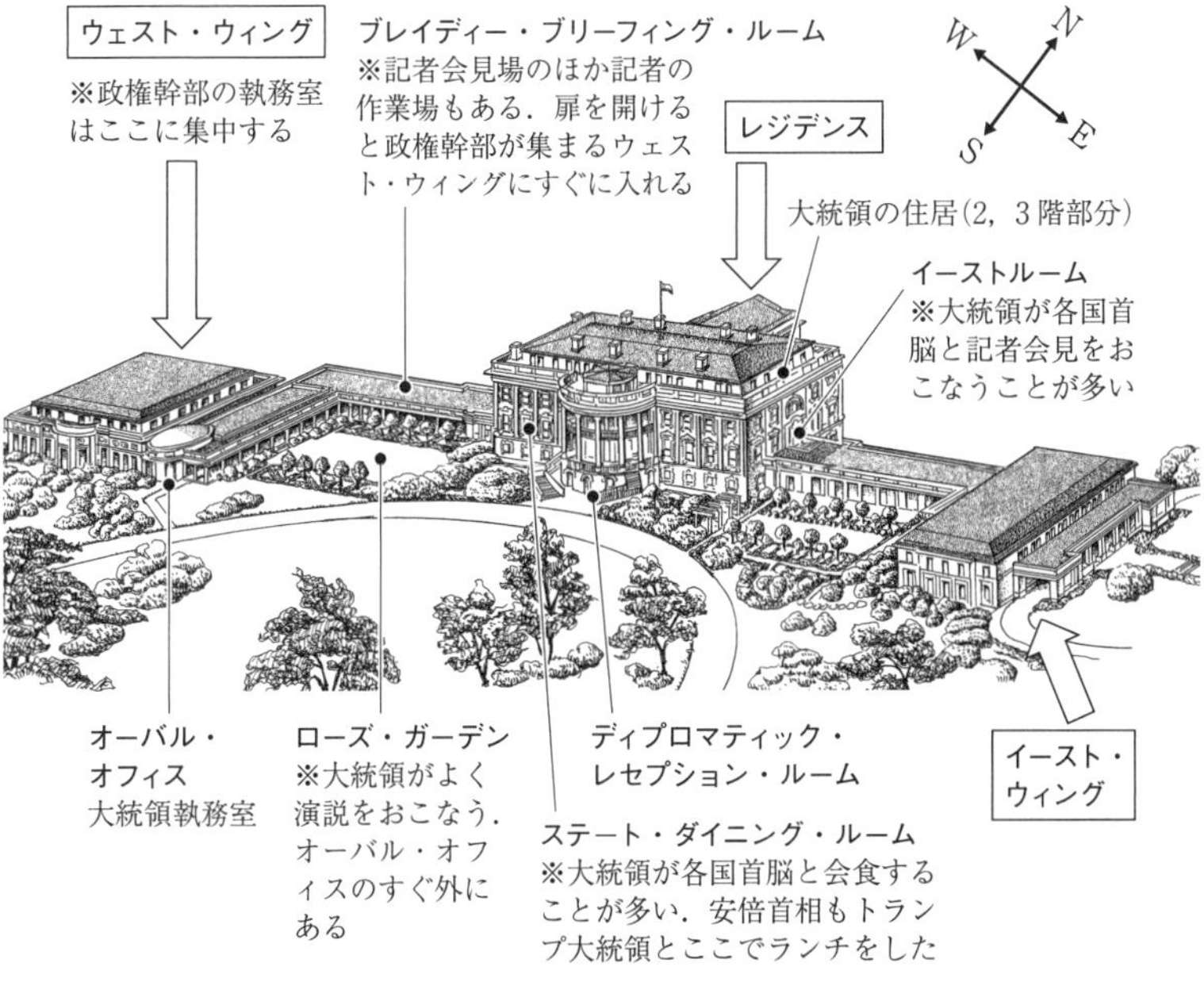

ホワイトハウスの見取図

プロローグ　オバマとトランプ、二つの政権のはざまで

▼「大統領！」

2011年3月11日。日本を東日本大震災が襲ったとき、ワシントンは午前1時前の真夜中だった。ほどなくして、米国にも日本の映像が入り始める。「津波が宮城県の町をのみ込んでいっています」。米CNNはこんな説明を繰り返しながら、日本からの生中継を伝えていた。

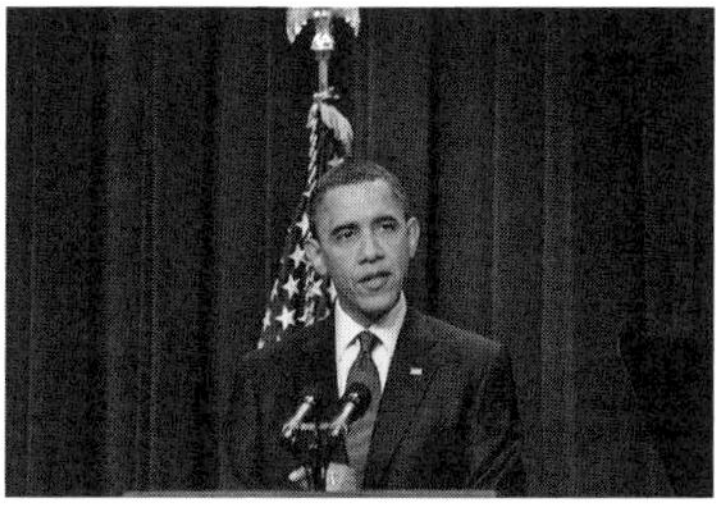

東日本大震災があった2011年3月11日，ホワイトハウスで記者会見するオバマ(著者撮影)

世界情勢を24時間体制で追っているホワイトハウスには刻一刻と、日本で広がる被害の大きさが伝わり始める。

首席補佐官(Chief of Staff)のビル・デイリー(Bill Daley)は午前4時(日本時間午後6時)、寝ていた大統領(the President of the United States)のバラク・オバマ(Barak Obama)を起こし、日本で悲劇的な地震が発生したことを告げた。

オバマはその日、もともと記者会見を開く予定だった。

「大統領が震災についてどう思っているか質問させてもらえな

東日本大震災の津波で壊滅状態になった気仙沼港周辺　2011年3月12日午前7時8分

いか」

私はホワイトハウスの高官たちに未明のうちにメールを出したが、返事はない。やっぱり無理かな、と思わざるをえなかった。

オバマの会見は、質問者がもともと決まっていて、いつもほぼ全員が米主要メディアの記者だった。だから、外国でどんな大きな出来事があっても、米メディアの記者たちは、米国内の政治のことばかり聞いていた。

私の両親は宮城県の気仙沼市の出身だった。

その親の実家がある地域は津波に襲われ、たくさんの親戚たちの安否もはっきりしていなかった。落ち着かない気持ちのまま、私はホワイトハウスに向かう。「こんな大事な日に、オバマの会見がまた米国内の政局ばかりだったら、やりきれないな」と、ぼんやりと考えていた。

オバマの会見のスタートは1時間遅れた。日本の首相の菅直人に電話し、米国が何をできるのかを話し合っていたためだった。

午後0時半すぎ、オバマは、ホワイトハウスの会見場にようやく姿を現す。冒頭、彼は東日本大震災についての声明を口にした。

「私たちの思いや祈りは日本の人々とともにあります」

温かい内容ではあったが、オバマは用意された文章を読み上げており、いまひとつ迫ってくるものがなかった。オバマ自身は実際のところどう感じているのだろう、本人の思いが伝わってこないなあ、というのが現場にいた私の正直な感想だった。

そして、オバマは、メモを見ながら質問する記者を当て始める。ＮＢＣのチャック・トッド(Chuck Todd)、次はＡＢＣのジェイク・タッパー(Jake Tapper)。トッドはいま、ＮＢＣの日曜日の看板ニュース番組『ミート・ザ・プレス』のアンカーを務め、タッパーは現在ＣＮＮに移っていて、やはり看板キャスターの座にある。当時はそれぞれ、ホワイトハウスキャップの立場だった。

記者たちの質問は、米国はなぜリビアでカダフィー政権による反体制派への激しい攻撃を許しているのかといった中東情勢や、米国の与野党の争いにかかわるものが多かった。

私は手を挙げ続けていたが、ちっとも当たらなかった。

そのまま約40分が過ぎ、記者会見は終わりに近づいていく。

東日本大震災の話を聞かずに、会見を終えるなんてできない、という思いが頭をもたげていた。オバマが前の質問への答えを言い終わる瞬間の間合いをはかって、大声で呼び止めるしかない、と私は心に決めた。

「日本のメディア？」

オバマが「それじゃいいね」と言って、会見を切り上げようとした瞬間、私は声を張り上げた。

「ミスター・プレジデント（大統領）！　日本のメディアから質問があります」

すると、大統領は動きを止めた。

「日本のメディア？　確かに私たちは日本の状況を心配している」とオバマは言い、私の質問を許してくれた。

「ありがとうございます、ミスター・プレジデント。日本での悲劇についてお聞きしたい。あなたは冒頭の声明で触れましたが、大統領の個人的な気持ちを伺いたいのです。あなたは昨年日本を訪問し、鎌倉も訪れましたね。その日本の沿岸に、津波が押し寄せ、車や家が、押し流されています。日本の人々は打ちひしがれています。大統領ご自身の個人的な思いと感情をお聞かせください」

私はこう問いかけた。「ミスター・プレジデント」と呼ぶのは、ホワイトハウスの記者たちが大統領に質問するときのならわしだった。

私の質問にオバマは

オバマは思案したあと、こう語った。

「悲劇に胸が張り裂ける思いです。いま日本で起こっていることは、文化、言語、宗教でどんな違いがあっても、究極的に人類は一つだということを思い起こさせます。ニュージーランド、ハイチ、そして日本でも、みな（悲劇に見舞われたとき）自分の家族は大丈夫だろうか、と心配するものです」

オバマはさらに自身の出身地にも触れて、思いを吐露する。

「日本は、我々にとって本当に近しい友人です。私は、ハワイで生まれ育ちました。ハワイでは日本文化は、非常に身近で、私自身、日本のみなさんには個人的な非常に深いつながりがあります。それだけに、本当に心配です」

オバマは用意された原稿を読むのがとても上手だが、私的な思いを口にするのは珍しかった。会見後、米国人記者たちは口々に、「トシ、いい質問だったね」と私のところへ言いに来てくれた。CNNのブリアナ・ケラー(Brianna Keilar)にあなたの名前のスペルを教えてと聞かれ、CNNはその夕方、「オバマは日本の大震災について、記者会見の最後に日本人記者に聞かれて、ようやく自らの率直な思いを語った」と報道するなど、米メディアはそのオバマの言葉を大きく伝えた。

オバマの答えは直接やりとりした私の気持ちに深く刺さるものだった。悲劇があればだれもが「自分の家族は大丈夫だろうか、と心配する」と語った温かさは、オバマの人間味を感じさせるものだった。私はその後、2人の親戚が津波の犠牲になったことを知っただけに、大統領の言葉はのちのちまで心に刻み込まれることになった。

私がオバマに聞いた質問はもう一つあった。「日本側は米軍の支援を求めていますが、その用意はありますか?」だった。

オバマは、「その答えはイエスだ」と即答した。そしてその言葉通り、米軍は「トモダチ作戦」をおこなって、被災地を助けることになる。

後日、ホワイトハウス高官が私にこんなことを教えてくれた。

「大統領の会見というのは、質問の数が限られているから、なかなか外国メディアに割り振ることはできないんだ。質問させる予定があっても時間の関係で大統領が打ち切ることもある。でも、実は、あの日の会見前に大統領に、『もしかしたら日本のメディアから質問が出るかもしれないですよ』と言っておいたんだよ。だから、君が質問できたときに、我々はガッツポーズしていたよ」

日米首脳会談などの際に首相同行の日本人記者に質問が割り当てられるときをのぞいて、ホワイトハウスでの大統領会見で外国人記者が質問を許されるのは異例のことだった。

米国の270万人の連邦職員と130万人の軍人を束ねる司令塔であるホワイトハウスは、合理的で冷徹な、外国人には近寄りがたい組織といえる。しかし、大統領に直接問いかけることなどを通じて、私はだんだんと、オバマ政権のホワイトハウスのインナーサークルに入り、ほぼ唯一の外国人記者として取材が許されるようになっていった。

▼オバマ政権高官は言った「トランプ政権は下降する」

それから、5年半後の2016年12月。私は、東京をベースに海外出張して取材をおこなう「機動特派員」として、ワシントンを訪れていた。

前月の11月には、事前の予想を覆してドナルド・トランプ(Donald Trump)が米大統領選に勝利していた。

オバマのホワイトハウスはすでにショックからは立ち直っていたが、旧知の政権高官たちの間には、脱力感と寂しさが混ざり合ったような雰囲気があった。当時、新政権への移行チームが閣僚人事を次々と発表し、トランプ陣営や共和党は高揚感に満ちていた。

しかし、そんななかで、あるホワイトハウス高官が執務室で強いまなざしで私に語ったことが、なぜか印象に残った。

「いまトランプ陣営は、大統領就任が決まり、最高潮にある。しかしね、トシ、トランプ政権はいずれ必ず、下降する局面がくるよ」

静かだが、確信に満ちた表情だった。

一般論のようにも聞こえたが、何か具体的な根拠があるようにも思える。気になったがよく分からない、というのが私の正直な気持ちだった。

そのころは、「ロシア疑惑」の存在は、私たちにはみえていない時期だった。トランプ陣営がロシアと共謀してヒラリー・クリントン（Hillary Clinton）を攻撃し、大統領選を左右していたのではないか、という「ロシア疑惑」が報道され始めるのは年が明けた２０１７年1月になってからだった。

あとになって分かったのは、オバマ政権下の米連邦捜査局（ＦＢＩ）は、「ロシア疑惑」を２０１６年7月から捜査しており、大統領選後の12月にその捜査を強めていた、という事実である。それはちょうど、私が高官から印象的な話を聞いた時期に重なっていた。

▼的中した「予言」

トランプは２０１７年1月20日、大統領に就任した。

わずか3週間後の2月13日、トランプにとって最重要の側近である国家安全保障アドバイザー

辞任に追い込まれたマイケル・フリン国家安全保障アドバイザー

(National Security Advisor)のマイケル・フリン(Michael Flynn)が辞任に追い込まれる。

　それは新政権にとって、最初の激震だった。

　国家安全保障アドバイザーは複数いる大統領補佐官(Assistant to the President)のなかで、別格の存在だ。国防長官と同等か、時にはそれ以上の閣僚級ポストといえる。米国にとって最重要の安全保障政策を大統領に助言する立場であり、米国が軍事力行使に踏み切る際に大統領に最も近い最後のアドバイザーであるからだ。

　フリンを辞任に追い込んだのは、２０１６年12月末にフリンが駐米ロシア大使のセルゲイ・キスリャク(Sergey Kislyak)と電話で話した際の米情報当局の傍受記録だった。フリンは実は、キスリャクと対ロシア制裁について話し合っていたが、それを副大統領(the Vice President of the United States)のマイク・ペンス(Mike Pence)にも隠していた。この事実をワシントン・ポストにすっぱ抜かれた４日後、フリンは辞任に追い込まれる。

　電話を傍受したのは、オバマ政権下の米情報当局だった。

　トランプ政権の「下降」はいきなり起こった。それも、崖から突き落とされるような急降下である。

　私はそのときになって初めて、２カ月前の12月に聞いた高官の言葉は予言だったのだ、と気がついた。

第1章

ロシア疑惑、墓穴を掘ったトランプ

ロシア疑惑で特別検察官が設置された翌日の2017年5月18日，ホワイトハウスでたたずむトランプ米大統領

▼「火曜日の虐殺」

それは突然の解任だった。

2017年5月9日の火曜日、夕方ですでに記者が減っていたホワイトハウスの記者会見室に現れたのは大統領報道官(Press Secretary)のショーン・スパイサー(Sean Spicer)だった。

「大統領が、米連邦捜査局(FBI)長官の解任についての司法長官の提言を受け入れた」

ホワイトハウスで会見するスパイサー(著者撮影)

スパイサーのその言葉に、夕暮れ時の記者室は騒然となる。ほぼ同時に、ホワイトハウスは、同じ内容を記したスパイサーの声明を、私を含めたホワイトハウス取材記者たちにメールした。私はメールを一目見て、これはトランプの大統領職を左右しうる大ごとだと直感した。

前年にドナルド・トランプが勝利した米大統領選で、トランプ陣営とロシアが共謀してクリントンを攻撃していたのではないか、という「ロシア疑惑」は、トランプが第45代の米大統領に就いた1月から、日を追うごとに深まっていた。

その捜査を中心で指揮していた人物が、FBI長官のジェームズ・コミーだった。

トランプ陣営を捜査しているコミーを、このタイミングで、トランプが解任するとは……。私は、ホワイトハウスから送られてきたスパイサーの声明を信じられない思いで繰り返し読んだ。すぐに頭に浮かんだのは、１９７４年に第37代大統領のリチャード・ニクソン(Richard Nixon)が辞任に追い込まれたウォーターゲート事件との類似点だった。

ウォーターゲート事件は、１９７２年6月17日、首都ワシントンのウォーターゲートビルで、民主党全国委員会本部に盗聴器を仕掛けようとした男たち５人が逮捕されたことに端を発した事件である。当初は、単なる不法侵入事件かと思われていたが、事件にはニクソンの再選委員会が深くかかわり、大統領本人がもみ消し工作をおこなっていた疑惑に発展。ニクソンの弾劾訴追に向けた動きが強まっていく。

ニクソンは73年10月、自分や側近たちを調べていた特別検察官を解任させる、「土曜日の虐殺」と呼ばれる騒動を起こす。ニクソンが捜査を妨害した疑いが出始め、追い詰められていくきっかけになった。そして、下院司法委員会が、ニクソンの弾劾訴追案を可決したことを受け、ニクソンはさらなる弾劾手続きが進むのを恐れ、74年8月、自ら辞任する。

2017年5月，FBI長官を解任されたジェームズ・コミー(アフロ)

トランプによるＦＢＩ長官の解任は、「大統領が、自らにつながる捜査をおこなっていた重要人物を解任する」という意味で、ウォーターゲート事件と似た構図だと私は感じた。米メディアは、トランプによるコミーの解任を、四十数年ぶりの異常事態だとして、ウォーターゲート事件と関連づけて一斉に報道し始めていた。

ニクソンは当時、「土曜日の虐殺」の判断が痛手となり、本議会の包囲網が狭まっていく。

トランプやトランプ陣営を巡る「ロシア疑惑」は、まだＦＢＩによる捜査が進行中で、さらに動き出したばかりの米議会の思惑にも左右されるだけに、今後の展開は見通しづらい。

ただ、トランプによるコミー解任が、「ロシア疑惑」と「ウォーターゲート事件」が相似形であることを米国民に初めて強く印象づけたことは間違いなかった。

「土曜日の虐殺」ならぬ、トランプによる「火曜日の虐殺」は、政権の行方や大統領の弾劾にも大きな影響を与えうる、衝撃的な出来事だった。

トランプが２０１７年1月に大統領に就任したころから、私は親しい米主要メディアの記者たちと、トランプ陣営にからむロシア疑惑は、ニクソンが辞任に追い込まれた『ウォーターゲート事件』に匹敵するものになりうるね」と話し合ってきた。

さらに疑惑が深まり始めた3月、私は「ロシア疑惑がもし真実だとすれば、米国歴史上、『ウォーターゲート事件』以上のスキャンダルになるのではないか」と米主要紙のホワイトハウス詰め記者に問いかけたことがある。彼は「それはありうるよね。大統領本人がどこまでかかわっているかがこれからの焦点だ」と真剣な面持ちだった。

私が記者仲間とつねにこんな話をしていたのは、トランプとホワイトハウス記者たちの間の1月以降の対立の原因が、いつもロシア疑惑だったからだ。

最初から「ロシア疑惑」だった

トランプと、記者たちの対立自体は、２０１６年の大統領選を通じて繰り広げられてきたことで、新たな話ではない。

しかし、大統領就任を控えたトランプが、２０１７年1月11日にニューヨークのトランプタワーで開いた記者会見は、多くの人の記憶に残っている。トランプが、ＣＮＮのホワイトハウス記者、ジム・アコスタ（Jim Acosta）に向かって、「お前には質問させない。お前たちはフェイク（偽）・ニュースだ」と面罵し、「私たちを批判するなら、質問の機会を与えてください」と食い下がるアコスタを退けた会見だ。

トランプが、ＣＮＮを「フェイク・ニュース」と呼んで、激高した映像が世界中のメディアで何度も流れ、新大統領とホワイトハウス記者との対立を世界に強く印象づけた。ただ、その対立の原因が、ロシア疑惑にあったことはそれほど知られていなかったと私は思う。

トランプがＣＮＮを「フェイク・ニュース」と罵倒したのは、ＣＮＮが、「トランプ陣営の『ロシア疑惑』を巡る文書が米政府幹部の間で回覧されている」と報じたのが原因だった。確認されていない内容をＣＮＮは報じているのだから、お前たちはフェイク・ニュースだ――というのがその日のトランプの論理だった。

「ロシア疑惑」は、1月はじめに表面化した。

元英情報機関員がまとめたとされるその文書は、「ドシエー（dossier，フランス語で『資料』の意味）」と呼ばれている。トランプ陣営と、ロシアの情報当局やクレムリンとが密接に連携しながら、２０１

6年の大統領選でクリントン陣営を攻撃したのではないか、とされる疑惑だ。「ドシエー」と「ロシア疑惑」の詳細は5章で触れるが、その文書の中身は、米国にとって長年の仮想敵国であるロシアが、米国の民主主義の根幹である大統領選に影響を与え、その行方を左右したという、きわめて重い内容だった。

記者たちは追いかけた

1月11日の会見の終盤、米記者は聞いた。

「次期大統領、あなたは、ここできっぱりと、あなたに関連ある人やトランプ陣営に関係ある人が、大統領選期間中にロシアと接触したことは全くなかったと言えますか?」。それは、CNNのジム・アコスタがトランプに食い下がって聞こうとしていた質問と同じだった。

トランプは長々と回答したが、その質問には直接答えずじまいで、「みなさん、さようなら」と言って会見を終えてしまった。

納得のいかない記者たちは、エレベーターへと向かうトランプを追いかけ、「質問に答えてください」と食い下がる。

詰め寄られたトランプはようやく、ロシア側とは接触がなかったことを意味する、「ノー」という答えを返す。トランプは「ロシア疑惑」、そしてそもそもトランプ陣営とロシア側には全く接触はなかったのだ、と一連の疑惑を真っ向から否定したのだった。

この日から、ホワイトハウス記者たちの検証が始まる。

不自然な解任理由

話をトランプが、ＦＢＩ長官のコミーを解任した5月の第2週に戻す。

私が、ロシア疑惑の追及を続ける米主要メディアの記者たちと話すなかで、いつも話題になっていたのは、「大統領本人がどこまで疑惑にかかわっているのかが最後は問われる」という点だった。疑惑が大統領の弾劾にまで至るのかどうかは、大統領本人が直接的にどうかかわっているのか、によるためだ。

コミーを解任した際、トランプがその理由にしたのは、ＦＢＩ長官のコミーが、「トランプの対立候補だったヒラリー・クリントンのメール問題の捜査の際の対処が悪かった」というものだった。

クリントンは国務長官時代に私有メールで機密情報をやりとりしていたことが問題になっていた。コミーが率いるＦＢＩは、この問題について捜査を続け、２０１６年7月にいったんは訴追するような事実はなかったと捜査終結を発表。コミーはその記者会見で、クリントンについて「あまりにも不注意」とコメントし、民主党側から批判を浴びていた。

しかし大統領選の11月8日の投票日前の10月末、コミーは新たな事実が見つかったとして、クリントンのメール問題の捜査の再開を打ち出した。投票日直前に、訴追するような事実はなかったとして、ＦＢＩは再び捜査を終えたが、クリントン陣営に与えたダメージは大きかった。

当時、トランプは、捜査をいったんは再開したコミーの決断を称賛していた。大統領選直前に、クリントンにとっての逆風となり、トランプにとっては大きな追い風になったからだ。

それだけに、トランプが5月にコミーを解任した際の理由として、「クリントンのメール問題での捜査」を挙げたことに、私を含めた記者のほとんどが「え、どうして？」と首をかしげざるをえなかった。

しかし、司法省やホワイトハウスは、「コミーはメール問題での対応がまずく、それがFBIのなかの士気に影響していた。コミーはFBIの職員に支持されていなかった。FBIが機能していないことを司法省から報告された大統領が、司法省側の勧めに従って、コミーを解任したのだ」と強調し続けていた。

なぜ、不自然な説明をするのか、私はその理由は明らかだと思っていた。

トランプが「自らのロシア疑惑への捜査を理由に、FBI長官を解任した」となれば、それは大統領が、当局の捜査を妨害した疑いが濃くなるからだ。

約40年前のウォーターゲート事件で、ニクソンが弾劾手続きで追い詰められていったのはまさに、事件をもみ消そうとした、という大統領の「司法妨害罪」の疑いによってだった。

私には、トランプの側近たちが、「コミーの解任」と「ロシア疑惑の捜査」との間がつながることがないよう、必死に防戦しているように感じられた。

▼自ら糸をつなげたトランプ

その側近たちの「強弁」をあっさり覆してしまったのは、トランプ本人である。

2日後の5月11日の木曜日、NBCテレビのキャスター、レスター・ホルト(Lester Holt)のインタビューに応じたトランプは言った。

「(司法省からの)進言のいかんにかかわらず、私はコミーをクビにしようと思っていました(regardless of recommendation, I was going to fire Comey)」

ここでまず、司法省の勧めを大統領が受け入れたのだ、というホワイトハウスの説明が崩れる。さらにトランプは踏み込んだ。

「実際のところ、私がそうしようと決断したとき、自分自身にこう言ったんです、このロシアがらみの『トランプとロシア』の話は、でっちあげだって。あれは、民主党側が、選挙に負けたことの言い訳にしているのにすぎないって(And in fact when I decided to just do it, I said to myself, I said you know, this Russia thing with Trump and Russia is a made up story, it's an excuse by the Democrats for having lost an election)」

つまり、トランプがコミーを解任したときに、ロシア疑惑のことを考えたことを、自ら明かしたのだった。「コミーの解任」と「ロシア疑惑の捜査」という、ホワイトハウスが必死に否定してきたつながりを、大統領自らが認めたのだった。「解任」と「ロシア疑惑」の間の糸がここでつながった。大統領が、自分の陣営が疑惑を巡って捜査されていることを理由に、捜査責任者のＦＢＩ長官を解任すれば、司法妨害のおそれが出てくる。

トランプは止まらなかった。コミーとホワイトハウスで2人で食事をしたときに、自分が捜査対象になっているのかを聞いたことまで明かしたのだ。

「私は、もし可能なら、私が捜査対象になっているのかを教えてくれませんか？　と彼に聞いたんです。彼は、あなたは捜査対象になっていない、と答えました(If it's possible, would you let me know am I under investigation? He said you are not under investigation)」

驚きの「告白」だった。大統領が、自らが関連する捜査をおこなっている責任者に、「自分が捜査対象か」と尋ねれば、捜査に圧力をかけたと受け取られかねないからだ。

コミーの解任後、ホワイトハウスが必死に続けてきた強弁は、泡と消えた。トランプ本人が、司法妨害をおこなった可能性が芽生え始めた、と私は感じた。

「秘密テープ」の衝撃

5月第2週の衝撃はそれだけでは終わらなかった。金曜日の12日、トランプはツイートした。

「ジェームズ・コミーは、我々の会話の録音テープは存在しないと期待しておいたほうがいいよ、メディアにリークを始める前にね!(James Comey better hope that there are no "tapes" of our conversations before he starts leaking to the press!)」

その日、ニューヨーク・タイムズ紙に、「コミーとトランプのディナーの際に、トランプはコミーに『忠誠』を誓うように求めたが、コミーは『忠誠』は約束しなかった」という内幕記事が出たことに対しての警告のようだった。

トランプの「警告」は、彼がすべての会話を秘密裏にテープに録音していることを示唆している。

私は「テープ」と聞いたとき、どきっとした。ウォーターゲート事件で、ニクソンを辞任に追い込んだ直接の引き金は、「秘密の録音テープ」を巡る司法の場での争いだったことを覚えていたからだ。

ウォーターゲート事件では、大統領やその側近たちが事件のもみ消しにかかわったことが司法妨害罪に当たるおそれが出て、それが問題になっていった。その過程で、ニクソンがホワイトハウスのさまざまな場所に録音機を置き、会話をテープに録音していたことが明らかになる。

大統領のニクソンがもみ消しにかかわったことを調べるため、捜査当局は録音テープの提出を求めたが、ホワイトハウス側はこれを拒否し、争いは最高裁にまで持ち込まれた。最高裁は、二審の判断を支持して、録音テープの提出をホワイトハウスに命令。同時に米議会がニクソンの弾劾手続きを加速させるなかで、ニクソンは1974年8月、自ら辞意を表明した。

トランプが「警告」のために示唆した秘密の録音テープの存在は、ニクソンの「ウォーターゲート事件」のときと同様、この先トランプにとっても不利に働くのではないか――。そんな考えが、私の頭をよぎった。

そして特別検察官が設置された

激震は、週明けになっても続く。

「トランプが2月に、当時はまだFBI長官だったコミーに会った際に、ロシアとのつながりで辞任したばかりのマイケル・フリン国家安全保障アドバイザーについての捜査を終えるように求めていた」という特ダネを、火曜日の5月16日にニューヨーク・タイムズが流したのだ。

コミーがその会話の直後にメモをつけており、そこには「この件を放免してくれるよう、私は望む(I hope you can let this go)」というトランプの言葉が書かれていた、というのだ。

特別検察官に任命されたロバート・ムラー（アフロ）

トランプが録音テープを持っている可能性が高いだけにこの疑惑は詳細な検証が可能だ、と私は直感した。

ロシア疑惑の捜査を進めるにあたって、米政府や米議会の間では、より独立性の高い「特別検察官」を今回設置するかどうかが、トランプが大統領に就任して以降、議論になってきた。

特別検察官は、政党や政権の意向に左右されにくく、より自由に捜査を進めることができる。1970年代のウォーターゲート事件、1990年代のビル・クリントン（Bill Clinton）大統領のスキャンダルの捜査の際に、特別検察官はもうけられていた。

2月、3月と、野党の民主党側は特別検察官の設置を求め続けたのに対し、トランプを支える与党の共和党側はずっと消極的だった。特別検察官の設置を決めるのは司法省だが、米議会ではさまざまな政治的な思惑が交錯していた。

しかし、FBI長官のコミーの解任、その後のトランプの一連の発言とコミーのメモで大統領の司法妨害のおそれが強まってくるなかで、5月17日、司法省は「特別検察官の設置」を発表する。

9日のコミー解任の際には、トランプに従った司法省も、批判の高まりに抗しきれなくなり、特別検察官の設置に1週間で追い込まれた形だった。特別検察官に任命されたのは、コミーの前任のFBI長官を12年間務めたロバート・ムラー（Robert Mueller）。共和、民主の双方の党から信頼され、コミーの盟友でもある人物だった。

大統領によるFBI長官解任という衝撃の決断から8日後、ロシア疑惑の解明は、トランプの望んでいなかった方向へとさらに一歩動き始める。

翌6月に入ると、事態はさらに動く。解任された前長官のコミーが6月8日、米上院情報委員会の公聴会で、2月にトランプとの間であった会話の詳細を証言したのだ。

コミー証言は生々しい。

フリンが辞任に追い込まれた翌日の2月14日、コミーら政権幹部が大統領執務室で数人でトランプに会ったときのことだった。トランプが人払いし、コミーは大統領と2人だけにされる。そしてトランプはフリンについて、「この件を放免してくれるよう、私は望む」と語ったという。前述の報道内容を公に認めたのだ。

「私は指示(Direction)だと受け止めた」

コミーはそう証言した。さらに彼は、3月30日朝に大統領から電話があったことも明かした。トランプはロシア疑惑の捜査を、政権を覆う「雲(cloud)」と表現したうえで、「雲を取り除く(lift the cloud)」にはどうしたらよいかを尋ねてきたという。コミーの証言は、ロシア疑惑の捜査にトランプが何度も影響を及ぼそうとしていたことを示す内容だと私は感じた。

コミーはこうした会話について詳細なメモをとっていた。トランプが「秘密テープ」の存在を示唆し、半ば脅かしてきたことを逆手にとり、「会話が裏付けられるかもしれない」と考えて自分がとっていたメモの存在をメディアにリークしたのだ——とまで言及した。

これで「秘密テープ」にさらに注目が集まる。ところが、トランプは6月22日、「ジェームズ・コミーと私の会話についての録音やテープがあるかどうかは知らないが、私は録音していないし、持ってもいない」と今度はテープの存在を否定する内容をツイートする。ただ、トランプは、自分は「持っていない」と言っているだけのように、私には思えた。実際、ホワイトハウスの会見でも、「そもそもテープはあるのか、ないのか？」と追及する質問が記者から出たが、副報道官は「私は知らない」というばかり。真相はまだ不透明なままだ。

一方、トランプは6月16日に、自身が「長官解任に関する捜査を受けている！　魔女狩りだ」というだっている内容もツイート。司法妨害の疑いで、トランプ本人への捜査がおこなわれていることが明らかになり、ロシア疑惑は新たな段階に入った。

そもそも、ロシア疑惑とはいったいどんな中身なのか、その行方はどうなるのかは、5章で詳述する。その前にまず、ホワイトハウスとはいかなる組織なのか、そこを日本人記者が取材するというのはどういうことなのか、そして、その最強組織を揺さぶるトランプはどんな統治スタイルを見せ始めているのか――についてこれから書き進めたい。

第2章

世界最強組織のインナーサークル

トランプ政権の発足100日を迎える直前のホワイトハウス
2017年4月28日(著者撮影)

2015年12月2日，デイリー・ブリーフをおこなうジョッシュ・アーネスト．この日は，私の質問にも答えた（著者撮影）

「トシ、会えてうれしいよ」

ホワイトハウスで、大統領報道官が開く定例記者会見（デイリー・ブリーフィング）は毎回１００人近い記者が集まり、毎日開かれる世界の記者会見のなかで最高峰といってよいと思う。世界各国に影響を与える、米政府の立場や大統領の考えを、大統領報道官が語る場だからだ。日本には官房長官会見、中国には報道官会見があるが、影響力の大きさはホワイトハウスのデイリー・ブリーフィングが群を抜く。各国の外交関係者たちは、ホワイトハウスの定例会見で、米国の考え方を追う。

「トシ、会えてうれしいよ（Toshi, nice to see you）」

２０１５年12月２日、ホワイトハウスでの定例会見。旧知の大統領報道官、ジョッシュ・アーネスト（Josh Earnest）が、私のファーストネームを呼んで指してくれた。

大統領報道官は、英語では、プレス・セクレタリー（Press Secretary）と呼ばれる。直訳すれば「報道長官」となる。その「長官」という言葉通り、プレス・セクレタリーは閣僚に近い重みがあるポストで、ジョッシュは大統領補佐官も兼務する大統領の最側近の一人でもあった。彼は特に、オバマに近いことで知られていた。私と彼は２０１１年に、ホワイトハウスで知り合って以来の仲だった。

２日の会見も、テレビカメラが並び、いつも通りの緊張感が漂っている。久しぶりにワシントンに取材におとずれた私への温かい言葉に「ありがとう、ジョッシュ」と感謝しながら、私は米中関係が、「Ｇ２」という新たな関係に向かっているのではないかと聞いた。

気候変動に地球規模でどう対処するかを話し合うＣＯＰ21がパリで開かれており、大統領のオバマと、中国国家主席の習近平が合意に向けてパリで会談したばかりだったからだ。オバマと習は、がっちり握手し、環境問題で「米中」で世界をリードしていく姿勢をはっきりと打ち出していた。

日本では、「米中が対立している」という報道が伝わることが多い。しかし、ホワイトハウスや国務省の高官と直接話していて私が感じるのは、米中間では一定の信頼関係が築かれていっている、ということだった。国務省の高官は私に、「もちろん対立点は多いが、相手の行動が予測できるビジネスライクな関係が構築できつつある」と明かしていた。ホワイトハウスや国務省などで高官の個室で聞く話は、ほとんどがオフレコで引用できないことが多い。それだけにこの日、ホワイトハウスの「顔」であるジョッシュに、会見という公の場で、米中関係がどこまで進展しているのか聞いてみようと思った。

私はこう質問した。

「ジョッシュ、米中関係についてですが、気候変動問題では、米国と中国は共同でリーダーシップを発揮しているようにみえます。もちろん、サイバー攻撃や、南シナ海での緊張など両国には相違点も多いのですが、両国は、ある意味で『Ｇ２』に向かっているとみてもよいのでしょうか」

ジョッシュはなるほどね、と頷きながら私の質問を聞いたあと、答え始めた。

「トシ、米国は引き続き、世界経済の課題を解決するうえではG20が最も効果的な組織だとみています。そして、我々は、G20は実際に、こうした問題を解決するうえで役に立つメカニズムだということが分かったのです」

ジョッシュはまず、日本や英国などの同盟国が参加するG20こそが最重要だという米国の公式見解、一種の建前を説明した。そのうえで、踏み込んだ。

「ただ、トシ、その一方で、気候変動のような問題の場合は、世界で最大の二酸化炭素排出国である2カ国が、世界各国が交渉する1年前に歩み寄ったことが、世界各国がこの問題に取り組んでいく触媒になったことは否定しようのない事実なのです」

オバマと習はその1年前の2014年11月、温室効果ガス削減の新たな目標を立てることで合意していた。それが、2015年12月のCOP21でのパリ協定の合意に向けた大きな推進力になった経緯があった。

ジョッシュはその点について触れ、少なくとも地球温暖化対策では、米国と中国が世界をリードする「G2時代のはじまり」を示唆した。

「大統領報道官はなぜお前の名前を？」

ホワイトハウスで取材するには、米政府高官たちに名前を覚えてもらい、ファーストネームで呼び合える信頼関係を築くことがとても大事だ。

私は、ジョッシュや、ジョッシュの前任の大統領報道官のジェイ・カーニー(Jay Carney)にも、ホワイトハウスの会見でいつも「トシ」と呼ばれ、よく質問を当ててもらっていた。オバマの最側近で外交政策を左右していた国家安全保障副アドバイザー（Deputy National Security Advisor for Strategic Communication and Speechwriting）のベン・ローズ（Ben Rhodes）ら、ほかのオバマ政権の中枢の高官にも名前を覚えてもらい、会見で質問したり、取材したりしていた。

ジェイが報道官だったときには、定例会見で週1回程度は当ててもらっていたので、1年で20〜30回は質問したと思う。

あるときジェイ・カーニーに指名され、ホワイトハウスの定例会見で質問した。すると、会見後に中国メディアのホワイトハウス特派員が私のところに駆け寄ってきた。

「なんで大統領報道官はお前の名前を覚えているんだ？　どうやって覚えてもらったんだ？」

ニューヨーク・タイムズやNBC、APやロイターなど、米国の主要メディア記者のほか、英メディアの記者で名前を覚えてもらっている記者はいたが、その他の外国人で覚えてもらっていたのは私ぐらいだったからだ。

オバマ政権で2011年から14年まで大統領報道官を務めたジェイ・カーニー　2011年10月（著者撮影）

「うーん、分からないなあ。僕は普通にやっているだけだよ」と私は言葉を濁した。

「ふーん、なんだかよく分からないなあ。お前はラッキーだなあ」

彼はそんなことをぶつぶつ言いながら去っていった。

実は、私には私なりの戦略があった。

一つは、ホワイトハウス内の政権と記者たちの間のルールをつぶさに観察して学びながら、米主要メディアの記者たちと同じように取材する、つまり「郷に入っては郷に従え」ということ。

いま一つは、高官はもちろんのこと、ホワイトハウスのインターンたちの名前を一人ひとり覚えて丁寧に接していくという、いわば「急がば回れ」という姿勢だった。

特に「急がば回れ」は、何かを狙ってやっていたことではない。

ホワイトハウスのインターンという入りたての役人たちでも、ときには何百倍という競争率を、能力やコネを総動員して勝ち抜いてきた人たちだ。私にとっては、彼らや彼女たちが、どんな経歴で、どんな思いでこの世界に飛び込み、日々働いているのかを知るのは、単純に楽しかった。ただ、後になって私は、彼らや彼女たちがさまざまな場面で助けてくれていたことに気づく。そして彼らや彼女たちの尽力で、最後は大統領のオバマに会わせてもらえるところまでつなげてもらえるとは、自分自身、想像もしなかったことだった。

▼「よろしくお願いします」は通じない

2009年にホワイトハウスや米政権を取材し始めた当初、私は、日本式のやり方で米政府高官を追いかけ、親しくなろうとしていた。「名刺を出して、自己紹介し、なんとか雑談に持ち込む。とにかく足繁く通い、顔を覚えてもらう」——という、いわば日本特有の「よろしくお願いします」攻撃だ。

ところが、これが、全く不評だった。

そもそも、米高官たちは、日本人ら外国人記者が会見のあとや、移動中にこそこそ名刺を差し出してくるのを、嫌がっていた。

「会見で質問もしないくせに、裏でこそこそやってきて面倒くさい連中だ」という雰囲気が、米高官の間にはありありとみてとれた。

「まずはネクタイを」

こんなことがあった。

２０１０年11月、大統領就任2年目のオバマが、韓国や日本を訪問したときのことだ。私はホワイトハウスの記者団の一員として、大統領を同行取材していた。韓国の国際会議場を移動中のホワイトハウス高官に私はアタックをかけた。

「これから大統領の記者会見がありますよね。記者会見で質問させてもらえませんか」

高官は私を一瞥して、言った。

「その前に、まずはネクタイをしろ」

私はスーツを着ていたが、ネクタイはたたんで内ポケットにしまっていた。

近くにいたホワイトハウス担当の米国人記者たちを見回すと、みなネクタイを締めており、スーツの胸元にポケットチーフをしのばせている者もいた。

ホワイトハウスの担当記者には、米主要テレビの記者たちが多い。大統領の外遊先からの生中継を

ホワイトハウス担当記者たちは常にネクタイをきちんと締め，どこからでも生中継を開始する　2017年3月（著者撮影）

繰り返している。それだけに、ダークスーツに鮮やかなシルクのネクタイを締めており、それがホワイトハウス記者団の雰囲気を醸し出していた。

高官の指摘はささいなことではあった。ただ、単純に身なりについて注意されたというより、「まずはその場の空気やしきたりを勉強し、それに合わせよ」「大統領に質問したいのなら、ふだんから緊張感を持て」と言われたような気がした。

「ネクタイをする」というのは表面的な部分にすぎない。しかし、まずは形から入って、その場のルールを覚えていくのが大事だ――。そんなことを強烈に印象づけられた出来事だった。

▼会見こそ重要

高官から「ネクタイをしろ」と言われて以来、私はホワイトハウスの高官や記者たちが何を大事にしているのか、どういうルールで動いているのかをより注意して観察するようになる。

気づいたのは、米国では、力のある記者ほど記者会見という「表の舞台」での質問を大事にしているということだった。どう聞き、どんな答えを引き出すのか。また、報道官の返答が不十分だったときには、どのように切り返して、さらに議論を深めていくのか。そこに神経を集中させていた。

そして、丁々発止のやりとりを政権高官たちとおこないながら、臨機応変に鋭い質問を繰り出せる記者ほど、記者会見以外の「裏側の取材」で書く特ダネも多かった。

それは、記者会見で存在感がある記者ほど、オフレコなどの裏側の取材でも高官たちとやりとりでき、特ダネを含めた記事が多く書ける、という法則があることを示していた。

1990年代のクリントン政権以降のホワイトハウスを熟知する、ある元大統領報道官は私にこんな話をしたことがある。

「いまの現役のホワイトハウス詰めの記者たちのなかでは、ABCテレビのホワイトハウスキャップ、ジェイク・タッパーが優秀だ。彼は、我々高官とのつきあい方がうまい」

たしかに、タッパーは、毎日の大統領報道官の会見の際の質問が巧みだった。

記者会見室の最前列に座るタッパーは、いつも3、4問聞いていた。前半の質問ではその時々の大きなニュースについてより深い説明を求めて報道官の口を滑らかにする一方、後半の質問に入ると、政権側の痛いところを突くような鋭い内容をぶつけていた。

米主要テレビの他のキャップのなかには、いつも政権を強く批判する質問を投げかけ、ほとんど毎回喧嘩のようになる記者がいた。それに比べ、硬軟を織り交ぜ、質問に緩急をつけるタッパーはホワイトハウス側の尊敬を集めているようで、実際、大統領のインタビューを得る回数が多かった。

タッパーはその後、CNNに移って看板キャスターとなり、毎日の番組のほか、日曜日朝の討論番組『ステート・オブ・ザ・ユニオン』も任される大黒柱だ。キャスターとして番組を仕切っているだけでなく、ロシア疑惑でも特ダネや独自の視点の記事を連発している。

外国人記者たちは、ホワイトハウスや米財務省などの会見で、米国人記者たちが丁々発止のやりとりとりで渡り合う様子を、外から眺めていることが多かった。

一種、記者会見というグラウンドでプレーする米国人記者たちを、外国人記者たちが観客席から見ているような印象だった。

外国人記者だからといって、観客席から米国人記者たちのプレーを眺めているのではなく、グラウンドに下りて、プレーする仲間に加わらない限り、認められることもないし、高官たちから相手にもしてもらえない。陰でこそこそ名刺を渡しても無駄で、会見できちんと存在感を示すことがまずは第一歩であることが分かってきた。

日本では平場の議論ではなく、人間関係や、裏の政治力で物事が決まることが多い。これは一種、日本的なルールといえるだろう。

しかし、さまざまなバックグラウンドの人々が集まる米国や世界の場では、公開の場でどれだけよい意見を言えるかが、裏の交渉力を得るうえでも重要だ。

企業の交渉や、外交の場など、あらゆる場面で必要となる、世界における「グラウンドのルール」を私はワシントンで学び始めた。

記者会見が重視されぬ日本

日本の記者の世界では、「記者会見で質問すると他社に自分の手の内を見せることになるので、質問などせずに、裏側での取材に精を出して、特ダネを書け」という古いタイプの記者が少なくない。

ただ、私自身は、裏側の取材も大事だけれど、表の記者会見で何を聞くかは重要なはずだ――と思って、二十数年の記者人生を過ごしてきた。

　私は朝日新聞に1993年に入った。初任地は秋田支局で、2、3年目の駆け出しの記者のころから、秋田県知事の佐々木喜久治にたくさんの質問をしてきた。私は当時、県職員たちが税金で国の役人を接待したり、接待をよそおって自分たちの飲み食いにあてたりしていた「官官接待」問題を長く取材していた。記者会見では佐々木の認識を繰り返し問い続けた。この官官接待問題は秋田県庁にとって泥沼化していき、5選という長期政権を築いていた佐々木は96年末、辞意表明に追い込まれた。

　日本の財務省の取材の際にも分からなかったり、おかしいと思ったときには、しつこいぐらい質問を繰り返してきた。2007年の参院選の際は、第一次政権時代の首相の安倍晋三にも、「選挙の争点から消費税を隠すのはおかしい」と聞いたことがある。

　会見で必要に応じて再質問を続ける私は、他社の記者たちから「変人だ」とみられていたと思う。

　私自身は、表の会見も裏の取材も両方とも同じように大事だと思いながら記者を続けてきたので、冷ややかな視線を浴びても極力気にしないようにしてきた。勇気づけられるのは最近の日本の会見で積極的に質問する動きがみられることだ。2017年の5月、6月に日本の官房長官会見で東京新聞などの記者が再質問を続けたことは、政府に文部科学省の公文書の再調査を迫るうえで、大きな力になったと思う。これがホワイトハウスの会見なら、ほぼ全社が政権に対峙する質問を波状攻撃のように続けるのが常だ。日本でも質問を続ける一部の記者を「変人」扱いせず、全記者が、厳しく質問する動きに参加していってほしいと思う。それが、記者会見に参加できる、という特権を与えられた記者たちの役割だからだ。

記者会見でのふるまいが重視される米国は、私の性に合う場所だった。

しかし、言葉が英語であること、そしてワシントンで取材する米国の記者たちはネイティブのなかでも特別に英語力がある人たちであり、生き馬の目を抜くような競争を勝ち抜いてきたつわものぞろいであることは、とても大きな壁だった。

招かれざる客

「記者会見で活躍することが裏側の取材にも役立つ」という理論が分かるのと、実践するのとはだいぶ違う。

私はもともと、米国のドル政策を仕切る米財務省などを中心に担当していた。次第に、ホワイトハウスへと取材の重心を移していくことになるのだが、２００９年にオバマ政権が発足した当初は、金融危機対策を仕切る財務省が政策を動かす中心官庁だった。

米財務省では、財務長官（Secretary of the Treasury）のティモシー・ガイトナー（Timothy Geithner）や、財務次官ら他の幹部たちが1、2カ月に1度、省内で会見していた。報道を前提としたオン・ザ・レコードの会見もあれば、「財務省高官」という形での引用しかできないバックグラウンドと呼ばれる会見の場合もあった。

長官のガイトナーが座る場所のすぐ横には、長官を囲むようにして8人の記者が座れるテーブル席があった。その他大勢の記者は、部屋の後ろのほうにたくさん並べられたパイプ椅子に座り、長官と8人の記者たちのやりとりを眺めている、というような形式になっていた。

まさに、グラウンドと観客席がはっきり分かれているような構造だった。

私は、まず米主要メディアの記者と顔なじみになったうえで、その8人のテーブル席に座る、という試みを始める。

当たり前ながら、他の7人は英語のネイティブスピーカーであるだけでなく、米国内の経済報道を勝ち抜いてきた百戦錬磨の記者たちで、私だけが外国人のアクセントがある英語を話す外国人記者だった。いわば、招かれざる客、である。

米国人記者たちは、ガイトナーに対し、「G7やG20などの国際会議での米国の戦略」といった米国内の視点から質問することが多かった。

私は、外国人記者として、「世界からみたときにそうした米国の政策は本当に理解されうるのか」「各国に米国の政策をどう説明するのか」といった国際的な観点から質問することを心がけた。ネイティブではないけれども、世界からの視点という違ったアングルの質問を投げかけることで、私自身の疑問をぶつけると共に、記者会見という「グラウンド」の試合に中身で貢献する狙いもあった。意味のある質問をしないと、次第に当ててもらえなくなってしまうからだ。

財務長官時代のティモシー・ガイトナー
2011年5月(著者撮影)

▼私の質問にペンを置く記者　屈辱の連続

私が8人のテーブル席に座っていることに、最初は変な顔をしていた米主要メディアの記者たちも、多くは次第に打ち解け、仲間に入れてくれるようになった。

しかし、1人、露骨な態度をとり続ける、米主要経済メディアの記者がいた。

私が質問をし始めると、ノートをとるのをやめ、「パタッ」とペンを手放して、テーブルの上に置いてしまうのだ。

「お前の質問などメモしない」という強烈な意思表示だった。

「パタッ」というその音が響くたび、私は毎回唇をかむ思いだったが、構わずに質問を続けた。

私が8人のテーブル席に座って質問しているのを見て、あるとき、英語力はほぼネイティブの外国人記者が後ろのパイプ椅子の席から質問したことがあった。

「今回、財務省は、どんな姿勢でG7に臨みますか?」

英語は発音を含めて完璧だったが、中身が漠然としすぎていた。会見していた財務省高官は口をあんぐりと開け、「は?　どういうこと?」と聞き返した。その外国人記者は赤面してしどろもどろになってしまい、やや気の毒な感じがした。米政府の高官たちにとっては、相手が英語ができるのは当たり前であり、問題は質問の中身だ、ということを私も痛感した出来事だった。英語がよく分かる分、その外国人記者は傷ついたのか、その後の会見ではあまり質問をしなくなった。

その点、私は屈辱に耐え続けて、質問し続ける鈍感力があったように感じる。

しかし、それでも、私が質問するたびに、ペンを「パタッ」と置く記者のしぐさは毎回こたえた。

「お前なんか認めない」と毎回言われているように感じたからだ。

3カ月、半年とその状況が続くなかで、私もだんだんと、ペンを置かれることに慣れてきた。感じ悪いなあ、とは思いつつ、「よりいい質問をして、いい答えを引き出し、絶対にメモをとらせてやる」と心に誓うようになった。

小さな一歩

当時、米国政府は、中国に対して、対ドルでの人民元のレートを切り上げるペースを早めるように水面下で求め続けていた。ただ、財務省高官は、人民元の対ドルレートが割安すぎるのかどうなのかについて、個人的な見解を言いよどんでいるところがあった。水面下では中国に強い圧力をかけているが、表の会見ではそこまで強いモノ言いはしない、と心に決めているようだった。

だからこそ私は、「高官自身は、どう考えているのでしょう」と会見で聞いた。

財務省高官は不愉快そうな表情をみせ、ようやく「(中国による切り上げは)十分だとは思っていない」と話した。

高官がしゃべり始めると同時に、米主要メディアの記者たちがメモをとるシャカシャカという音が一段と大きく、早くなった。ここはニュースだとばかりに必死にメモをとり始めたのだ。ペンを置いていた例の記者もこのときばかりは、しょうがないなという風情でペンを手にとり、ノートにペンを走らせ始めた。

小さな一歩ではあったが、「プレーヤー」たちに少し認められた気がした。

一つ気が滅入ったのは、記者会見後に当局が出すトランスクリプトと呼ばれる会見録の全文で、私の質問部分を読むときだった。私は、外国人なりに丁寧に英語をしゃべっているつもりでも、会見録にはところどころで、「聞き取れず(inaudible)」と書かれていることがあった。

それを目にするたび、「聞き取れない英語で申し訳ないです」と恐縮する思いだった。

ただ、会見では毎回質問し、長官にもほぼ毎回当ててもらえるようになってくると、会見録の「聞き取れず」が減っていくのを感じた。それどころか、会見録では、私が質問で使っていない単語も補われていて、美しい英語になっているケースも出てきた。米政府で会見録をつくるスタッフたちが、「トシに悪いから」とだいたいの意味を文脈から読み取って、英語が聞き取れない部分も補ってくれているようだった。

米国は、合理主義が貫徹した社会だと思われがちだが、「情」も「忖度」もある、そんなことを学ぶのは新鮮な経験だった。

ただ、外国人の私が質問を始めると、米国人記者たちが「えっ」といった表情で私の方を振り返るといった屈辱にはその後も事欠かなかった。

成果が出ているのかはよく分からなかったが、「屈辱を受けた回数では、私はワシントンの外国人記者のなかで一番かどうか争えるぐらいだな」と自負するようになっていった。

世界中にある記者クラブ

記者会見の場で認められる、という「表玄関」の取材が少しできるようになってくると、次に大事なのは、「裏口」や「勝手口」の取材の場がどこにあるのかを探し、その中に入っていくことだった。

「記者クラブがあるのは日本だけで、日本特有の悪弊だ」と私たちは日本で批判されることが多い。しかし、私はそれは間違っていると思う。

政権と、その国のメディアの間の密接な関係はどこの国にでもある。米国のホワイトハウスには、ホワイトハウス記者協会(White House Correspondents' Association)がある。英国には、英首相官邸や議会をカバーする「ロビー」と呼ばれる英メディアを中心とした組織がある。そして、さらに調べれば、そうしたすでに存在が分かっている米欧の記者クラブ的な組織の内側には、さらなるインナーサークルが幾重にも存在していた。

日本の記者クラブが、日本の主要メディアばかりで構成され、他の記者たちを排除することは明らかな誤りだと思う。だから私自身は日本の財務省クラブにいたときには、記者会見をオープン化した。ただ、日本の記者クラブは、表から見える形で存在している。外国での取材でやっかいなのは、その国の記者たちのクラブや当局とのインナーサークルが、どこに存在しているのかが、なかなか分かりにくいことだった。

だからこそ、米ホワイトハウスや、英首相官邸を取材していたときには、私はいつも真っ先に、当局とメディアの間にどのような非公式な仕組みがあるのかを、その国のメディアの記者や高官たちと仲良くなりながら調べていった。

いわば、「まず記者クラブ、インナーサークルを探せ」という手法だった。

非公式な仕組みがどこに存在するのかを探し、さらにその中にどうやって入れてもらえるのかを考える、といったことを繰り返してきた。

例えば、英国の「ロビー」と呼ばれる記者グループ向けの非公式ブリーフィングは、ごく限られた英主要メディアの名物記者たちだけが参加する、特別でインフォーマルな会見だった。その中に許されて入ってみると、閣僚級の政権幹部がばんばん出てきて、さまざまな話の最新状況を記者に言える範囲で丁寧に説明してくれた。その充実ぶりには驚くばかりだった。

米国のホワイトハウスにも、ホワイトハウス担当記者全員に発表されている定例会見や、ものごとの背景事情を説明する会見のほかに、一部の米主要メディアだけが入れる「裏会見」ともいうべき、特別なブリーフィングがいくつもあった。

まず大事なのは、その「裏会見」がいつ開かれるのかをキャッチすることだ。そのうえで、おそるおそる高官に聞いてみる。

「あのう、すみませんが、ルールはちゃんと守りますので、私も参加させてもらえませんか?」

「だめ」と即答されることもあったし、返事すらなく無視されることも最初は多かった。

しかし、だんだんと「裏ブリーフ」への参加が認められるようになっていく。

裏ブリーフは、記者ならだれもが入れる記者会見室ではなく、ホワイトハウスのウェスト・ウィング(西棟)の奥の中枢部分で開かれることが多かった。

大統領執務室のすぐそばの会議室でおこなわれることも少なくなかった。そうしたときには、記者たちは、携帯電話をすべて会議室の外に置かなければいけないルールもある。ホワイトハウスの奥に入れば入るほど、セキュリティーは厳重だった。そうした裏ブリーフで、携帯を会議室の外に置くたびに、感じたものだ。「ああ、携帯はハッキングされて盗聴器になりうる危険なものなんだな」と。

外国人記者は私だけ

そうした裏ブリーフの際は、私以外は、全員米国の主要メディアの記者、ということが多かった。ホワイトハウス詰めの記者の間には、米主要メディア20社ほどのインナーサークルがあった。米国内の主なテレビ、新聞、ラジオ、通信社、オンラインメディアをあわせると、20社を少し超えるぐらいの数になるためだった。その内側にもさらに小さなインナーサークルがあるようだったが、そこは伺い知れない部分もあった。

だんだんと、唯一の外国人記者としてそうした米主要メディア20社に交じって、裏ブリーフへの参加が許されるようになってくると、特ダネニュースを米主要メディアと同じタイミングで書くことができるようになる。

重要なニュースの場合、そうした裏ブリーフで、ニュースを流してよい「解禁時間」が設定されることが多く、その時間が来たら、一斉に報じる仕組みになっているためだ。

「なるほど、米メディアが、重要なニュースを『一斉に』報道するのは、こういう仕組みなのか」と合点がいった。その「一斉」の輪のなかに、唯一の外国人として私も加わるようになった。

▼ルール

「裏ブリーフ」に参加し、米主要メディアと同じ情報に接して報道していくなかで、とても重要だったのは、「その場の取材ルール」をきちんと理解している、ということだった。それらは、「グラウンド・ルール」と呼ばれていた。

日本では、取材する際、取材相手の実名を書き込むことができる「オン・ザ・レコード(オンレコ)」と、取材相手を明かさないで書く「オフ・ザ・レコード(オフレコ)」という2種類が、基本的なルールだ。「完オフ」という、「書いてはいけない」というルールもあるが、時間がたてば書いてもよかったりし、その定義はあいまいだった。

それに比べると、米国でのルールはより厳密だった。

- 「オン・ザ・レコード」=記者会見や、高官の実名を出してよいインタビュー
- 「バックグラウンド」=高官の名前は匿名だが、例えば「米ホワイトハウス高官」や「米財務省高官」といった形で、所属省庁などの属性を引用してよい
- 「ディープ・バックグラウンド」=匿名であるだけでなく、その高官の属性も示してはいけない場合で、「米政府高官」「政権高官」などという引用しかできない
- 「オフ・ザ・レコード」=参考として聞くだけで、引用もできないし、ニュースにもできない

という4類型だ。

米国では、取材相手がその都度、「グラウンド・ルール」を決めてしまう場合が多い。当局にとってはより情報のコントロールがしやすく、記者にとっては難しい取材環境であるということがいえると思う。オフレコで聞いた取材のあとで、「この部分だけはバックグラウンド扱いにしてくれないか」といった交渉をしなければならないことも多かった。

ただ、こうしたグラウンド・ルールを正確に理解することは外国人記者としてとても重要だった。米政府高官が、外国人記者を敬遠する大きな理由の一つは、「グラウンド・ルールをよく理解しておらず、危険」だからだ。

あるホワイトハウスの元高官は、「オフレコや、ディープ・バックグラウンドという扱いで外国人記者に話したのに、実名で引用されて他国との外交問題が生じ、本当に参った」と私に語っていた。

「不可能」と「可能ではない」の大きな違い

こうしたグラウンド・ルールを少しでも守らなかったときのしっぺ返しは痛烈だ。

匿名で高官の話を引用しなければならない「バックグラウンド」で取材したのに、「オン・ザ・レコード」で書いてしまったら、間違いなくその取材先を失うことになる。

私はそこまでの失敗はなかったものの、ワシントンでの取材の際に米政府高官の発言を引用するルールの厳密さを思い知らされたことがあった。

それは、ある米政権高官がアジア各国を訪問する際、日本以外の国を訪れて、日本には立ち寄らずに米国に帰る、という外交にからんだ話だった。

米政府の発表文には、訪問する国のことしか書かれていなかった。私は、日本のメディアの記者として、「政権高官は、今回は日本には寄らない」というデータも付け加えて、記事にすることにした。ある政府高官に取材を頼み、「バックグラウンド(匿名なら引用可)」取材というルールで、「(アジアを訪問する)その政権高官が、今回日本を訪れるのは可能ではない(It is not possible for the official to visit Japan at this time)」というコメントをもらった。

「可能ではない」というのは、いかにも英語的な表現で、日本語として頭にパッと入ってこない。そこで私は、「ある政府高官は『その政権高官が、今回のアジア訪問の際に、日本を訪れるのは不可能だ』と話している」という記事を紙面に載せた。

するとすぐに、取材させてもらった政府高官側から、「すぐに来てくれ、君は引用を間違っている」という怒りの連絡が入った。

慌ててその高官に会いに行くと、「自分は『不可能』とは言っていないじゃないか、『可能ではない』と言っただけだ。いったいどうしてくれるんだ」と大変な剣幕だった。高官の手には、米政府が独自に翻訳した英語版が握られていた。

つまり、ワシントンの高官の英語のコメントを→私が日本語に訳して記事にし→それを東京の米国大使館が日本語から英語に新たに訳して本国に送り返した、ということのようだった。その英語の記事には、高官が「不可能だ(It is impossible)」と言ったと書かれていた。

私は、日本語と英語の違いを説明し、「可能ではない」という言い方は日本語ではとても分かりにくい、ということを丁寧に説明した。また、日本には漢字の文化があり、文章を短縮するために「可能ではない」という言葉を、「不可能だ」とすることはおかしなことではないことを何度も説いた。高官に納得してもらうまでは時間がかかったが、まあ言語の違いならばしょうがない、と最後は矛を収めてくれた。

この一件は、私に、米国での発言の引用の厳しさを身にしみて教えてくれた。

一つは、英語では〝　〟(クオーテーションマーク)で囲まれた発言の引用部分には、きわめて厳密に正確に本人が言っていることを書き込まなければいけない、ということだった。英語における引用の厳しさは、日本語の「　」(カギカッコ)でくくられた発言の取り扱い以上だと感じる。

だからこそ、これ以後、私は、自分が英語から日本語に訳した内容が、もう一度日本語から英語になったときにどうなるか、ということも考えて日本語の記事を書くようになった。簡単にいえば、英語のもとのニュアンスをできるだけ大事にし、意訳しすぎないようになった。

同時に、「実名」なのか、バックグラウンドの際の「ホワイトハウス高官(Senior White House Official)」「財務省高官(Senior Treasury Official)」といった匿名なのか、匿名度合いがより高い「米政府高官(US official)」「政権高官(Senior Administration Official)」なのかについても、私は厳密に区別して使うように心がけるようになった。米政府高官たちは、こうした引用主体の表現についてもきわめて敏感だったからだ。

例えば、私が高官への取材を終えたあとで、「あなたのコメントをホワイトハウス高官、という引用で書いていいですか?」と聞くと、「書くのはかまわないが、政権高官という引用にしてくれ」と言われたりすることがあった。

些細なことのように思えるが、実は、米政権内では政策決定の際に、ホワイトハウスと財務省、国務省と国防総省といった形で主導権争いをしていることが多く、高官たちは情報の出方に敏感になっていることが背景にあった。

身なり、ふるまい、信頼関係のつくり方、グラウンド・ルールは、国によってそれぞれ異なる。「郷に入っては郷に従う」ことの重要性は、記者の世界に限らず、あらゆる分野に共通することだろう。そしてそうした詳細に目を凝らしていくと、その国や組織の内部事情や権力闘争が思わぬ形で見えてくることがある。私にとっては、これが次の取材のとっかかりになることが少なくなかった。

ちなみに、こうした米政府高官たちの話をどう引用するかで本人たちとぎりぎりの交渉をしてきたことは、私自身が、米国人や外国人記者の記事に目を通す際にも役立っている。取材時のルールに応じて、「政府高官」「政権高官」「ホワイトハウス高官」と厳密に使い分けている記者の記事は取材の精度の高さを示しており、信頼できる。

一方で、「日米外交筋」といった引用の記事をときどき見かけると、私はやや疑問を感じる。米国における引用は、もし日米関係にかかわるものであれば、「米政府高官」か「日本政府高官」しかない。両方の政府で働いている高官というのはダブルスパイでもなければ存在しえない。私がもし、米政府高官を「日米関係筋」と書いたら、あとでその高官から抗議を受けることは必至だ。それだけに、「日米外交筋」「日米関係筋」といった引用を見ると、私は少なくとも米政府高官から取材したものではないのだろうな、と思いながら読むことにしている。

▼ジョブズとゲイツ

私がその場のルールをよく見極めることを始めた原点は、米西海岸のサンノゼ特派員をしていた2002年から2005年までの3年間に、シリコンバレーのしきたりやインナーサークルを探ったことにあった。

シリコンバレーは、ネクタイ着用が必須のホワイトハウスとは正反対の場所だ。Tシャツがふつうの格好で、ポロシャツを着れば正装といった雰囲気だったが、そこにもインナーサークルがあった。当時はアップルがiPodを出して復調し始めたころで、アップルのトップ、スティーブ・ジョブズ(Steve Jobs)が、iPodや、iMacを盛んに宣伝しているころだった。私はジョブズのプレゼンテーションの取材によく出かけていたが、その場に呼ばれるのも一苦労だった。

当時の米IT業界の主役は基本ソフト「ウィンドウズ」を通じて独占的な地位を築いていたマイクロソフトだった。

2004年，一部の記者だけを招き，シリコンバレーで開いた発表会で説明するスティーブ・ジョブズ(著者撮影)

マイクロソフトにどう直接取材するのかは、シリコンバレーでIT業界を担当するあらゆる記者にとって最大の課題だった。

シリコンバレーには、米国人記者向けの広報がいるようだったが、外国人記者に対しては「出身国の広報を通じて取材してくれ」という雰囲気が強かった。私の場合は、「日本の広報

2008年5月，著者のインタビューに応じるビル・ゲイツ

に連絡してくれ」ということだった。

しかし、私は、米主要メディアと同じように取材しようと考えた。日本に連絡しても時差があって時間がかかるし、米国の本社に直接聞いたほうが実際の担当者に近い人たちから話を聞くことができると思ったからだ。米メディアの記者たちの行動を観察し、彼らと同様に記者会見で積極的に質問し、マイクロソフトの発表があるたびにシアトル郊外の本社にいつも連絡をとるようにした。

そうするうち、シリコンバレー駐在のマイクロソフトの広報担当者を紹介された。担当者たちと直接やりとりをする間に、その周辺にさまざまなインナーサークルがあることが分かってきた。

当時一番取材したい相手は、マイクロソフトの創業者で会長のビル・ゲイツ(Bill Gates)だった。IT業界を牽引してきた伝説的な人物に、テクノロジーの未来について直接聞いてみたいと思ったからだ。

インナーサークルに交じって取材を続けていると、3~4社が招かれるゲイツへの共同インタビューに入れるようになった。世界の各地域から1人ずつ記者が選ばれ、アジアからは私が招かれるようになった。シリコンバレーに3年駐在するなかで、3度その機会に恵まれた。ゲイツに、いまのIT業界をどうとらえ、どう変えようとしているのかを直接聞くチャンスは貴重だった。

私は、次はゲイツにぜひ単独インタビューしたいと思っていた。ただ、当時のIT業界の主役であるマイクロソフトの創業者への一対一の取材は、米国のトップメディアでもまれで、シリコンバレー駐在中は実現しなかった。

チャンスは意外なところで巡ってくる。

私がシリコンバレー駐在を終えて３年がたっていた２００８年春、マイクロソフト日本法人の幹部からメールが舞い込んだ。

「あなた限りということで。もしあなたがインタビューできるなら、ゲイツが単独インタビューの時間をつくる。あなたができないなら、この話はなかったことにして欲しい」という内容だった。

当時私はロンドンに特派員として赴任したばかりだったが、なかなかある機会ではない。東京に一時帰国し、来日していたゲイツに約１時間インタビューすることができた。マイクロソフトによる、ヤフー買収が取りざたされているころで、ニュース性もあり、刺激的なインタビューだった。特にゲイツが「両親はビジネスのことを(家庭内で)よく話してくれたから、(起業や経営などを)簡単に理解できるようになった」と事もなげに語ったのが印象に残った。

声をかけてもらえたのは、シリコンバレー駐在のときに、マイクロソフトの米国本社に直接取材し、担当者たちの知己を得ていたからなのだろうなと感じる。インナーサークルを見つけ出し、そこに入っていくことの重要性を肌で感じた一件だった。

急がば回れ

話を首都ワシントンでの取材に戻す。

私がワシントンでの取材でもう一つ心がけていたのは、ホワイトハウスでも、財務省でも、インターンから高官まで名前を覚えて丁寧に接することだった。

米国では、知らない人同士でも、「ハイ」と挨拶を交わすことが多いのは、よく知られている。少し知り合いになると、「ハイ、ポール」といった形で、ファーストネームを呼ぶようになる。

私は、相手のファーストネームを先に覚えることは実は効果的なのではないか、と思い始めた。私の名前などとても覚えていなさそうな相手に対しても、先に名前を覚えて、「ハイ、トム」といった形で、呼びかけるようにした。

「ハイ、メアリー」「ハイ、デイビッド」

「調子はどうだい、ポール？（How are you, Paul?）」「いいよ。君のほうはどうだい、トム？（Good, how are you, Tom?）」

米国人はこういった形でリズムで挨拶する。このとき、こちらが「ハイ、ポール」と呼びかけているのに、相手が「ハイ、……」となってしまうと、米国人はかなり気まずい感覚になるようだった。日本語でいえば、五・七・五の俳句を詠んでいるときに、五・七だけで終わってしまうような、リズム的にとても変な感じらしかった。

だから、米国人にとっては、挨拶している相手が自分のファーストネームを覚えてくれているのに、自分は相手のファーストネームを知らない、というのはずいぶん決まりが悪いものらしかった。

だからこそ、こちらが先に相手の名前を覚えると、相手も少しするとこちらの名前を覚えてくれる、ということがよくあった。

そうやって、インターンから高官まで、少しずつ知り合いを増やしていくと、また別の効果が生まれた。

私は何か狙いがあってこうした取り組みをしていたわけではなかったが、あるときホワイトハウスの高官に言われてはっとしたことがあった。

「トシ、我々の間で、どういう評判になっているのかっていうのは大事なんだよ。私たちは、あの記者はいいとか、あいつはだめだ、なんて話をよくしている。君のことは、『トシはいいやつだ』って言っているスタッフが多い。それは大事なことなんだ」

自分自身で、なぜ「トシはいいやつだ」とスタッフたちが言ってくれていたのかを考えると、みなの名前を覚えて、インターンたちとも仲良くしていたこと、記者会見で懸命に質問をしていたことぐらいしか私は思いつかない。

ただ、それによって、スタッフに私の名前も徐々に覚えてもらえるようになり、それが、大統領報道官などの高官にも名前を覚えてもらえることにつながっていったのではないかと、あとになって思う。

外国人記者の間では、名前を覚えてもらおうと高官のところにだけ名刺を差し出しにいく一方、インターンたちとは「話しても無駄」とばかりに会話すらしようとしない人たちも多かった。

私がやっていた、あらゆる人と接してまずは相手の名前を自分が先に覚える、という姿勢は、「急がば回れ」の効果があったのかもしれない、と今さらながら感じる。

余談だが、私がワシントン赴任を終えて、東京に戻るとき、大統領報道官のジェイ・カーニーは、私へのメッセージを書いた寄せ書きをつくってくれた。ホワイトハウスの食堂のメニューに書かれた寄せ書きには、十数人の高官が「トシ、また会おうな」「早くワシントンに戻ってこいよ」などと書き込んでくれていた。ホワイトハウスの高官たちが記者に送別の寄せ書きをしている、ということは私は聞いたことがなく、その心遣いはただ嬉しかった。

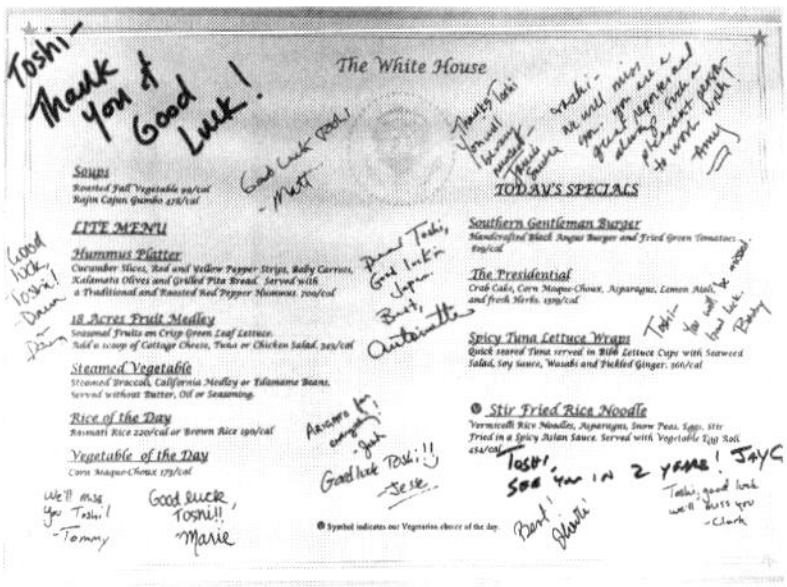

ホワイトハウス高官たちが書いてくれた寄せ書き

されど英語

外国人にとって、やはり苦労するのは英語だ。

日本の受験英語で学んだ言葉で、時には大統領にも質問できることは自信にはなったが、同時に思い知らされたのは、英語はいかに婉曲表現が多い言語か、ということだった。

英語は、ダイレクトな言葉でイエスとノーがはっきりしていると言われるが、ホワイトハウスの英語は、婉曲表現の would などが多用され、単純に割り切れない文章が多い。

そして、質問をするときも、直接的に聞くと、「ノーコメント」と言われ答えてもらえないことが最初は多かった。

例えば、ホワイトハウスの会見では、米国人記者たちは「あなたはどう思いますか（What do you think?）」というような質問の仕方はしない。そういう表現を使うと、相手の口元にマイクを突きつけて、さあ、どう思うかをしゃべってくれ、というような聞き方になってしまうからだ。

米国人の記者の間では、「私はこんなふうに思うんですけど(I'm wondering if . . .)」といった聞き方が基本であり、「可能だったら、感触を教えていただけませんか(Could you give us a sense of . . .)」といったようなあいまいで婉曲な聞き方をする記者が多かった。日本語と同じで、相手が答えやすいように聞かないと、答える気にすらなってくれないからだ。

また前置詞一つをとっても、ホワイトハウスでは、「○○について」という場合には、日本でよく習う「about」ではなく、「on」を使うことが多かった。例えば、「TPPについてなんですが」と質問する場合は「on TPP」という言い方だった。

米国人記者の質問方法をまねて、婉曲に聞くようになってはじめて、私もまともに質問に答えてもらえるようになっていった。

無視からも学ぶ

何百人という記者たちが、しのぎをけずるホワイトハウス取材で学んだなかには、無視されることが日常茶飯事で、それに一喜一憂しない——ということもあった。

実際、相手に無視されることも、重要な学びであり、コミュニケーションの一つだった。

何かを質問したり頼んだりしたときに、「無視」されるのは、回答自体を断られているというだけではない。「お前はまだ返事をするに値しない人間だ」という冷徹な現実を思い知らされ、努力不足であることを認めざるをえなかった。

のちにホワイトハウスの広報担当をしていた元高官に聞いたのは、彼らが記者たちから毎日受けるメールの数だった。その数は300〜500通にのぼっていたという。当然高官たちは、その記者との関係の深さ、相手の重要さによって優先順位をつけていた。プライオリティーが低ければ、無視されるのも当たり前だった。

財務省やホワイトハウスの記者会見で質問できるようになってくると、会見以外の高官とのやりとりでも、無視ばかりされている状況が改善していく。そして、だんだんと分かってきたのは、自分が書くメールや、電話の一言、といったちょっとした内容が、高官たちから返事をもらえるか、無視されるかを大きく左右しているという事実だった。というのは、単純なことを直接的に聞いても無視されるのに対し、丁寧に婉曲な表現を使えば、返事が戻ってきたりしたからだ。

高官のなかには、大統領のスピーチを書くような言葉の天才もいる。そうした天才たちに連絡をとるときには、表現や問いかけ方を練り、わずか2、3行のメールを書くときに、1、2時間かけることがしばしばだった。

一方で、いつも肯定にせよ否定にせよ返事をくれる高官が、問いかけに対して「無視」を決め込んでいるときは、私が質問している内容がいい線を行っていることを示唆していることがだんだんと分かってくる。そんなときには、その方向性で他の高官たちに取材攻勢をかけ、ほかからの確認を得て、特ダネ記事を書くこともできた。

「無視」にもさまざまな意味があることが、私にもようやく分かってきた。

▼最後の関門

米主要メディア約20社の裏ブリーフに唯一の外国人記者として参加を許されるようにもなるなかで、次の課題は、さらに少人数のインナーサークルにどうやって入っていくかだった。

裏ブリーフに出られるようになったことで、ホワイトハウスが米主要メディアにしか明かさない本音に近い部分の取材はできるようになった。大統領報道官の定例会見や、ホワイトハウス担当記者全員を対象にした「バックグラウンド（匿名なら引用可）」の会見では、漂白されたような「公式見解」が説明される。それらとは異なり、インナーサークルのブリーフでは、政権の苦悩が垣間見えることが多い。何より、米国の方向性を決めている最重要の高官から直接話を聞けることは、ホワイトハウスの真の姿をつかむうえで非常に役立った。

そうしたなかで、限られた機会ながら、米政権の中枢といっていい高官を4〜5人で囲み、本音を聞く取材に入れる場合も出てきた。

米主要紙記者、米主要テレビ記者、米主要通信社記者、そして私、というような場面もあり、米政権の核心部分が何を考えているのかを知ることができたのは、私にリアルで等身大の米国観を与えてくれた。

そんななかで最後の難関は、高官といかにサシ（一対一）で、話し合えるようになるか、だった。

日本の取材でも同じだが、人は一対一のときでしか、本当のことは話してくれない。もちろん、一対一であっても記者には真の本音で話すことはないだろう。しかし、数人や二十数人いる場合と、一対一では大きく違う。一対一ならば、高官は他の聴衆の目を気にする必要がなく、より深い話をしやすいことは間違いないからだ。

▼高官は言った「こっちを見ないで」

高官にサシで取材するためには、当たり前だが、アポイントをとり、本人の許可を得て、自室に入れてもらう必要がある。特に、高官が集中して執務室をかまえるホワイトハウスのウェスト・ウィングは、至るところをシークレット・サービス（大統領警護隊）の隊員たちが厳重に固めており、ふらっと中に入っていくことなど到底不可能だ。

そうしたなかで、数は限られていたが、私は高官の自室でサシでの取材を許されるようにもなっていった。それまで自分が学んできたことを総動員して得た機会だった。

そうした取材で得られたのは、米国の政策決定や歴史に残る決断の際に米政権がどう考え、大統領がどう決断を下したのか、そして大統領はそのとき何と言ったのか、という根幹部分についての深い情報だった。

私には特に印象に残っている取材がある。

米政権にとってきわめて重要な歴史的決断を巡る取材をしていたときのことだ。

執務室に招き入れてくれた高官は、私に聞いた。

「で、トシ、何を聞きたいんだ？」

私は手短に聞きたい内容を伝えた。ディープ・バックグラウンド取材であるがゆえに中身の多くは明かせないことをご容赦いただきたい。

話を聞いていた高官は、なるほどね、という顔をしたあと、机のところに歩いていき、資料を手にとった。

「トシ、悪いけどこっちを見ないでくれ、下を向いたまま質問してもらっていいかい？　私が手に持っているのは機密文書なんだ」

資料の文字などとても見える距離ではなかったし、ましてや外国人の私にはひと目見て分かるような代物ではないのは明らかだった。

でもさすがに私も緊張し、ソファに座ったまま、前かがみになって、真下に顔を向け、床の絨毯だけを見つめた。

ノートは持ってきていたが、ノートをとれる姿勢でも、メモをとっていい雰囲気でもなかった。

私はそれから、絨毯を見つめたまま十数問聞き、いくつか再質問もした。

高官の答えを、その英語を、文字通り頭の中に刻み込んだ。とにかく集中した。

「そろそろいいかな、トシ」

そんな高官の言葉にふと我に返り、私は執務室をあとにした。

駆け出したい気持ちをおさえて、記者室に戻り、覚えている限りの内容をノートに書き殴る。

翌日、その内容は大きな記事になった。

ワシントンの中枢での取材のコツがようやくつかめた気がした。

ホワイトハウス中央部にあるレジデンス(住居棟)を横から望む．屋上には時折，武装したシークレット・サービスの隊員の姿も見える　2017年３月(著者撮影)

世界最強の官僚機構

「１６００　ペンシルベニア通り、ワシントンＤＣ(1600 Pennsylvania Avenue, Washington, D. C.)」

米国人なら多くの人が知っているこの住所は、米首都ワシントンの真ん中あたりに位置している。

世界で最も有名な大統領府「ホワイトハウス(The White House)」の住所だ。

東側のイースト・ウィング(東棟)、中央のレジデンス(住居棟)、西側のウェスト・ウィング(西棟)で構成されるホワイトハウスには１３２の部屋がある。

東京都千代田区永田町にある日本の首相官邸が、２００２年に完成した最新式のビルであるのと比べると、１８００年に大統領が移り住み、１８１４年の火災やその後の増築を経て、いまでも２００年前の建物がもとになっているホワイトハウスは歴史的建造物といえる。

執務棟であるウェスト・ウィングの南奥の一階の部屋は、楕円形をした大統領の執務室、オーバル・オフィス(Oval Office)である。その執務室を、第45代大統領のドナルド・トランプが、第44代のバラク・オバマから引き継いだ。

大統領の動向を、24時間追い続けるのは、少なくとも３００人以上はいるホワイトハウス担当記者たちだ。私はホワイトハウスに入るたび、いつも身が引き締まる思いだった。

ホワイトハウスの周囲と敷地内は、シークレット・サービスが守りを固め、防弾チョッキを身につけた隊員が至るところで目を光らせている。

ホワイトハウスの記者証を持った記者は、北西の門からウェスト・ウィングにある記者会見場「ブレイディー・ブリーフィング・ルーム（Brady Briefing Room）」までの100メートルほどの距離を、歩いていくことが許されている。

私は少し立ち止まったときに、「不審な行動」だと隊員から怒られたことがあり、実際のところ歩いているだけでも緊張する。日本の首相官邸と比べると警備の厳しさは桁違いだ。

首都ワシントンは、冬は零下5度前後まで気温が下がり、盛夏には最高気温が40度近くまで達する寒暖差の激しい場所だ。その中心に位置する大統領府の敷地内を歩きながら、間近で見るホワイトハウスは、テレビで見る以上に美しい。特に、春のホワイトハウスは新緑と白い建物のコントラストが見事だ。

ただ、視線をふと、ホワイトハウスの屋上に移すと、小さく黒い人影が見える。万一に備えて、レジデンスの屋上にも、シークレット・サービスの隊員が配置され、おかしな動きがないか、監視しているのだ。その警備の厳しさに、私はときどきぞっとした。

ホワイトハウスの担当記者たちは、大統領のことを、「ポータス」と呼ぶ。「米国大統領（the President of the United States）」の単語の頭文字をとって、「ＰＯＴＵＳ（ポータス）」と呼ぶのだ。

ホワイトハウスの担当記者たちは、新たな「ポータス」であるトランプを追うのに苦心してきた。

米メディアの記者たちは、少人数のグループが交代で代表取材（プール・レポート）し、それを私たち外国人を含めた記者会全体に配る仕組みになっている。

記者たちは2016年の大統領選中から、トランプや対立候補のクリントンを追ってきた。しかし、トランプは大統領選中、自身が移動に使っていた専用機「トランプ・フォース・ワン」に記者を乗せないことが多かった。また、ワシントン・ポストなど一部のメディアを取材から一時閉め出したりもした。

トランプは、記者たちを「正直でない人たち(Dishonest People)」と呼び、激しく攻撃を続ける。それだけに、トランプが大統領に就任したあとに、オバマのときと同じように大統領が移動する場合には常にプール記者たちが同行し、大統領専用機(エア・フォース・ワン、Air Force One)にも乗り続けることができるのかを、記者たちは懸念してきた。

私も一員である「ホワイトハウス記者協会」は、会長のロイター通信記者、ジェフ・メイソン(Jeff Mason)が先頭に立って、政権発足前からトランプ陣営の幹部と交渉を重ねてきた。政権発足前の2017年1月はじめ、トランプの政権移行チームが代表取材を認めることを確約し、私たちは胸をなで下ろした経緯があった。

超大国のリーダーである米国大統領、ポータスを追い続けることは、権力を監視し続けるという意味できわめて重要だ。ただ、ホワイトハウス詰めの記者たちが大統領に常について歩き、カメラマンたちが常にカメラを向け続けるのにはもう一つ理由がある。

米主要メディアの記者は私にこう言った。「大統領には暗殺されるリスクもある。だから私たちはいつもついて行くのだ」

そのおそれがあるからこそ、ホワイトハウスの大統領警護は徹底している。私も、オバマの外遊に同行取材した際に、大統領専用車「ビースト（Beast）」を間近で見たが、開いたドアの厚さが20センチ前後はあるように見え、特殊な装甲車のような車だった。

ビーストは、大統領が移動するときには必ず同じ車が2台走り、大統領がどちらに乗っているのか分からないようになっている。２０１６年5月にオバマが広島の平和記念公園を訪問した際にも、オバマはビーストに乗っていた。オバマが平和記念公園での演説を終え、空港に向かう際の車列が原爆ドームの前を通るのを私は目にしたが、そのときにもビーストは前後に2台連なって走行していた。

大統領が乗る専用ヘリ「マリン・ワン（Marine One）」も同様だ。

大統領が、米国内の各州に行ったり、外国訪問したりする際に乗る「エア・フォース・ワン」は、首都ワシントンから少し離れた場所にあるメリーランド州の「アンドリュース空軍基地」に駐機している。

このため、大統領がホワイトハウスから、アンドリュース空軍基地に向かう際には、天候が悪くなければ、「マリン・ワン」に乗り込む。この「マリン・ワン」もやはり、ビーストと同様に2機で飛ぶのが普通だ。ウェスト・ウィングのすぐそばの南庭（サウス・ローン）から、マリン・ワンが爆音をとどろかせて飛び立つ際は、なぜだか私もいつも緊張した。ホワイトハウスでは週に何度もあることだが、日本の首相官邸、霞ケ関や永田町でヘリが離発着することはほとんどないからだろう。

そのサウス・ローンを窓から見下ろせるホワイトハウスのレジデンスには、大統領が重要演説をする際に歩いてくる長い赤絨毯（レッドカーペット）が敷かれた「ステート・フロア」がある。その西側の

ホワイトハウスの壁にかかっているケネディ大統領の肖像画．うつむいているのが物悲しい　2015年12月（著者撮影）

端の瀟洒な部屋は、各国の首脳や元首をもてなす、「ステート・ダイニング・ルーム」だ。トランプが、2017年2月10日、日本国首相の安倍晋三と昼食をとったのも、この部屋だった。

その部屋のホールからの入り口の左側には1枚の油絵がかかっていて私はいつも目を奪われる。

ホワイトハウスには、レーガンやクリントンら、かつての大統領たちのにこやかな笑顔の肖像画が至るところに掲げられている。しかし、ダイニング・ルームの入り口の肖像画がひときわ印象に残るのは、笑顔がなく、腕を組み、うつむいている絵だからだ。

その人は、第35代大統領のジョン・F・ケネディ。1963年にテキサス州ダラスで暗殺された大統領だ。華やかなレジデンスのなかで、そこだけは時間が止まったような空間である。その重苦しさはいまも、警備に当たるシークレット・サービスや、大統領を取材する私たち記者にも、緊張感を与えるものだ。

400万人を束ねる

ホワイトハウスというと、イースト・ウィング、レジデンス、ウェスト・ウィングから成る白い建物を想像しがちだ。私自身そう思っていた。ホワイトハウスの建物自体にはそれほど多くの職員はいないことを知ったのは取材し始めてからだった。大統領府としてのホワイトハウスは、実は、白い建物であるホワイトハウスだけではなく、その敷地内で通りを隔てた西側に立つフランス様式の6階建ての巨大なビル「アイゼンハワー行政府ビル（Eisenhower Executive Office Building, ＥＥＯＢ）」に大半のスタッフを抱えている。日本政府など外国との窓口になっている国家安全保障会議（National Security Council, ＮＳＣ）のほとんどのスタッフはアイゼンハワー行政府ビルにいる。

ホワイトハウスの執務棟である「ウェスト・ウィング」にいるのは、大統領をはじめとした、一部の政権中枢の幹部たちだ。

ホワイトハウスは、財務省や国防総省、国務省などの各省を通じ、米国の約270万人の連邦職員（米郵政公社ＵＳＰＳを含む）と、約130万人の軍人の計約400万人の政府職員を束ねている。

アイゼンハワー行政府ビルを含めたホワイトハウスのスタッフは約1800人に上り、それ自体が大きな組織でもある。オバマ政権の元高官は私に「各省から出向しているスタッフも多く、実際のホワイトハウスの職員数はもっと多い」と語った。2000人近い職員で、米政府の機能の心臓部分を担っているのがホワイトハウスといえる。

実はボトムアップ

その機能は、米国式のトップダウンと思われがちで、実際、政権を発足させて日が浅いトランプはトップダウンのスタイルを強めてはいるが、もともとはボトムアップで精緻に政策をつくっていく仕組みになっている。ホワイトハウスが大統領に指示されて動くばかりではなく、実はボトムアップの仕組みが重視されているのを知ったときは私自身驚きだった。ボトムアップで情報とあるべき政策を上司へと上げていく仕組みは私が取材してきた霞ヶ関同様だったからである。

オバマ政権の元高官によると、オバマ時代は、安保・外交政策の場合、まず「副・省庁間政策会議(Sub-Interagency Policy Committee)」で検討を始めていた。各省の専門家らが集う会議で、新たな事態に対してとりうる政策にはどんな選択肢があるのかを洗い出している。

こうしてまとめた政策の選択肢のメリットやディメリットを、各省の次官補(Assistant Secretary)級以上の幹部で構成する「省庁間政策会議(Interagency Policy Committee)」に上げて、検討する。この省庁間政策会議では、とりうるべき政策を三つ程度の選択肢まで絞り込み、これをさらに上の「次官級政策会議(Deputies Policy Committee)」に上げる仕組みだった。

「次官級政策会議」には文字通り、国務次官、国防次官といった次官(Deputy Secretary)級が集い、「省庁間政策会議」で絞り込まれた三つ程度の選択肢から、各省の事務方トップの次官の知見を総動員して、たいていの場合は望ましい政策を一つに絞り込んでいたという。

そして、最後に、大統領が議長を務め、国務長官や国防長官といった閣僚が出席する「プリンシパルズ会議(Principals Committee)」に上げ、絞り込まれた一つの政策の妥当性を検討し、最終決定していた。

トランプ政権に近い関係者によると、2017年4月のシリア攻撃の際には、意思決定は同様の会議を経ておこなわれていたという。政策決定の基本的な仕組みは、新政権でも維持されているとみてよいだろう。

写真記憶のオバマ

オバマ政権の元高官は、「オバマは特に、なぜその一つの政策を推薦することになったかを部下たちに尋ねることが多かった」と私に語った。

オバマは、ほかにどういった選択肢があり、そのなかでなぜ最後の一つとしてその政策が選ばれたのか、その際どういったメリットやディメリットが検討されたのかを問いかけることが多かったのだという。さらにオバマは、最終決定する政策をとることで、今後どのような影響が出るのかという「第2や第3の影響(Second and Third Effect)を問いかけてきた」という。ボトムアップで上がってきた政策を、熟考の末最終決断する、というのがオバマのスタイルだった。

そして、オバマは部下たちが練り上げ、自分が決断した政策を完全に覚えて自分のものにして、首脳会談などに臨んでいたという。「オバマ大統領は写真記憶(Photographic Memory)の持ち主だった」と元高官は明かす。大統領向けにまとめられた政策の要旨や大統領の発言要領を、オバマは前日の夜に寝室に持って帰って熟読し、朝には完全に自分のものにし、当日は原稿を見ずに話していたという。だからこそ、当日の朝に大統領の発言要領を少しでも修正すると、スタッフに「なぜ修正したのか」とオバマは問うことが多かった。

省庁間政策会議などで幾重もの検討を経て上がってくるボトムアップのチャンネル同様に重要だったのは、毎日の大統領向けデイリー・ブリーフィング(Presidential Daily Briefing, ＰＤＢ)だった。

米国には、米中央情報局（ＣＩＡ）、米連邦捜査局（ＦＢＩ）など16のインテリジェンス（情報）機関がある。この16の機関と、全体を統括する国家情報長官府（Office of the Director of National Intelligence）の計17機関を合わせて、インテリジェンス・コミュニティー（Intelligence Community）と呼ぶ。軍事力と並び、米国の国力の源泉といえる部分である。

この米国のインテリジェンス・コミュニティーから毎日上がってくる国際情勢や安全保障に関する機密情報を、大統領に対して、国家情報長官から報告するのが、大統領向けデイリー・ブリーフ「ＰＤＢ」だ。米国の全情報機関が集めた最新情報を集約してごく短く紙にまとめ、大統領に説明する。大統領は世界の最新状況と米国を取り巻く安全保障状況をごく限られた側近たちと議論し、必要な指示を出す仕組みだ。

私は、あるホワイトハウス元高官から「ホワイトハウスの権力構造を知るうえでは、この大統領向けデイリー・ブリーフに参加することを許されているのは誰なのかを知ることがきわめて重要だ」とアドバイスされたことがある。

ＰＤＢは、大統領以外には、大統領が参加を許したごく数人が同席するだけで、米国が入手している情報の粋を集めて、信頼の厚い側近たちと議論する場だからだ。

同時に、アポ無しで大統領執務室に入れる「ウォーク・イン特権（Walk-in Privilege）」を誰が持っているのかも重要だ。

30代が動かす

オバマ政権では、30代の若手だった「国家安全保障副アドバイザー」のベン・ローズが、「PDB」に参加する特権を得ていた。ローズは２００９年、31歳の若さでオバマ政権入りした。オバマの最側近として、多くの幹部をしのぐ力を持ち、オバマの外交政策を差配し、スピーチライターとしてオバマの広島演説など重要演説の多くを大統領と練り上げた（ローズとの対話は6章で詳述する）。

オバマの大統領報道官を務めたジョッシュ・アーネストもまた、33歳だった２００９年に、大統領副報道官として政権入りし、２０１４年に大統領報道官に上り詰めた。

ジョッシュが、私に語った彼のキャリアは、米国で政治に身を投じる若者たちのダイナミズムにあふれている。彼が政治にかかわるようになったのは、ひょんなことからだった。

テキサス州の有名私大、ライス大4年の時に履修した講義の教官が、翌年のヒューストン市長選に立候補したのだ。別の教授に政治に少し興味がある、と相談すると、「選挙に携わるのが一番」と民主党関係者を紹介された。ただし、無給が条件だった。

ベン・ローズ　2011年11月（著者撮影）

日中は市長選をボランティアで手伝い、夜に家庭教師をして食いつないだ。しばらくして、ようやく薄給をもらえるようになった。数年後、政治で身を立てるなら首都ワシントンだ、と思い立ち、２００１年、就職のあてもないまま、ワシントンに向かった。

友人宅に転がり込み、政治の仕事に応募しては断られる日々だった。ある夜、車で走っていたときに、目にとまったのが、ライトアップされて白く浮かび上がったホワイトハウスだったという。「あの場所で働けたら、どんなに素晴らしいだろう」と26歳の心に刻んだことを、ジョッシュはいまでも覚えている。

そして、「数え切れないほどの『ノー』という返事をもらった」末、選挙を手伝う会社で働き口をつかんだ。2007年春、翌年の大統領選に名乗りをあげていた当時上院議員だったバラク・オバマの陣営のアイオワ州広報ディレクターに就いたのが転機になった。アイオワは、米大統領選で、民主党と共和党のそれぞれが大統領候補者を選ぶ「予備選・党員集会」を最初におこなう州だ。大統領選の方向を決めるその重要州で、ジョッシュは若手スタッフを鼓舞し、オバマの歴史的な勝利に大きく貢献した。

オバマはそこで勢いをつけ、一気に大統領へと駆け上がった。

ジョッシュは私に「大統領から必要なときはいつでも部屋に入ってきていいと言われている」とアポなしで大統領に会える「ウォーク・イン特権」を持っていることを明かしたことがある。2008年の大統領選以来のオバマとの深い信頼関係が彼の力の源泉になっていた。

ホワイトハウス内部の権力構造を見極めるうえで、大統領執務室「オーバル・オフィス」との物理的な距離の近さも重要である。ウェスト・ウィングには、一部の幹部しかおらず、そのなかでも、オーバル・オフィスに距離的にどれだけ近いかが大事だ。大統領は側近をすぐに呼び込むことができるよう、最も信頼する側近にオーバル・オフィスから近くの場所にある部屋を与えるからだ。

オバマ政権時代、ローズはウェスト・ウィングの半地下のような場所である「地上階（Ground

Floor)」と呼ばれるフロアに執務室があり、階段を上がれば、すぐに1階にあるオーバル・オフィスに入れる場所にいた。ジョッシュの執務室は、オーバル・オフィスと同じ1階にあり、やはりすぐそばの場所だった。

オバマのホワイトハウスでは、私はウェスト・ウィングの奥の1階や地上階に入るたび、「ああ、このドアのすぐ向こうは大統領執務室だな」と緊張感を覚えた。中枢部分の白い廊下の壁には、ところどころに大統領の公式カメラマン、ピート・ソウザ（Pete Souza）が撮影したオバマの素顔の写真が飾られており、私はそれを眺めるのが好きだった。そうした写真が、オバマ政権内部のアットホームな雰囲気をつくり出していたからである。２０１７年春、トランプのホワイトハウスのウェスト・ウィングに入ると、当たり前だがそうした写真はすべて撤去されており、白い壁には何もかかっておらず殺風景な様子だった。私は、ホワイトハウスの主が代わったのだということを改めて強烈に印象づけられた。

「歴史のなかで」

ホワイトハウスにはさまざまな分野で専門を極めたベテランの幹部たちが大勢いる。その一方で、才能を認められた30代そこそこの若手が、大統領の信任を得て力をふるっていることに私は驚いた。ある若手のオバマ政権高官に、ホワイトハウスで勤務する感覚について聞いたとき、こう言われたことが記憶に残っている。「私たちは歴史のなかで生きている（We live in history）」。ホワイトハウスでの自分たちの仕事が、世界の歴史を作っていっている、という強烈な自負心だった。

ホワイトハウスの高官たちの朝は早く、夜は遅い。朝7時すぎに出勤し、退庁するのは午後8時すぎ。それだけではなく、分刻みで送られてくるメールには、朝起きた直後から、夜寝る直前まで、携帯端末で即座に反応する生活だ。取材で高官とやりとりをしていると、朝5時から、夜11時すぎまで5〜6時間の睡眠時間以外は、常に仕事をしている様子が伝わってきた。

30代が抜擢されているのは、トランプ政権も同じだ。大統領の上級アドバイザー(Senior Advisor)、スティーブン・ミラー(Stephen Miller)は弱冠31歳。トランプのスピーチライターであるだけでなく、米ウォール・ストリート・ジャーナルなどによると、トランプの入国禁止令など急進的な政策の背後にいる人物として、物議をかもしている。

ただ、大統領が自分の意を体現するために、才能のある若手に大きな仕事を任せるという点は、オバマもトランプも共通する。

超大国を束ねるホワイトハウスを動かすのは、日本顔負けの徹底したボトムアップの仕組みであり、同時に「PDB」の場を通じた大統領によるトップダウンの指示でもある。そして何より、日本と異なるのは、年功序列が徹底した日本の官僚組織や、当選回数がものを言う日本の政治・行政システムの常識とは対極にある、若手を大胆に起用する仕組みだということが、日米両政府を取材してきた私の実感だ。

第3章

トランプが大統領になることを決意した日と政権100日の集燥

2017年1月20日，大統領就任式で宣誓するトランプ

1　１００日目の夜と６年前の因縁

▼主役不在

２０１７年４月29日のワシントンは、真夏の暑さだった。曇りがちの天気のなかで、日中の気温は華氏90度（摂氏32度）を超え、ワシントン特有の蒸し暑さも加わっている。街には、Ｔシャツ姿の観光客が行き交い、この日あった数千人規模の環境保護集会に参加した人たちがプラカードを持って歩いていた。

午後７時前、夏時間の強い夕日が差し込むなか、私は首都の中央で白くそびえる「ワシントン・ヒルトン（Washington Hilton）」に着いた。ホワイトハウス記者協会主催の「ホワイトハウス記者協会ディナー（White House Correspondents' Dinner）」に出席するためだ。巨大なバンケットルームやロビーは、ドレスやタキシードに身を包んだ２０００人以上の人々で通路を行き交うのにも窮するほどごった返している。

出席者でごった返すホワイトハウス記者協会ディナー　2017年4月29日（著者撮影）

規制線が張られ、厳重に警備された車寄せには、20台近いテレビカメラと、一眼レフを構えたカメラマンが並んでいた。

私は夕食会に出席するだけでなく、その様子の取材もしようとカメラを構えた。レンズ越しに見ているうち、例年とはずいぶん様子が違うことに私は気がついた。

滑り込んできた黒塗りのリムジンから、ゲストがレッドカーペットに降り立つたび、テレビカメラが一斉に集中するのだが、レッドカーペットで著名人がテレビから取材を受ける回数がいつもと比べて少ないのだ。

実際、出席者名簿を見ても、ふだんの年と違い、スターの名前がほとんど記載されていなかった。過去1世紀にわたり、アイゼンハワー、ケネディ、レーガン、ブッシュ、クリントン、オバマら歴代の大統領が出席してきた伝統あるホワイトハウス記者協会ディナーはこの日、103回目を迎えていた。

車寄せのレッドカーペットの横の取材エリアは閑散としていた 2017年4月29日(著者撮影)

大統領が欠席したケースは限られる。

1981年1月に就任したばかりだった大統領のレーガンは3月30日、この「ワシントン・ヒルトン」での会合のあと、ホテルの車寄せから大統領専用車に乗り込む前に銃撃されて負傷した。レーガンは療養のため、4月25日にやはり「ワシントン・ヒルトン」で開かれていた夕食会を欠席したが、療養先のキャンプ・デービッドから、電話で「参加」。会場のスピーカーとつながれた電話で、参加できなかったことを残念がる。

レーガンは「一つ小さなアドバイスをすれば、だれかが、車に早く乗り込めと言ったら、そうすることだよ(If I could give you just one little bit of advice, when somebody tells you to get in a car quick, do it)」と自身の暗殺未遂事件についてジョークを飛ばした。そうした夕食会の歴史は、私たちホワイトハウス取材記者の語り草になっていた。

ニクソン、カーターは夕食会を欠席したことがあるが、いずれも大統領に就任した年には出席していた。夕食会での毎年の大統領のスピーチでは、特にユーモアが問われ、その様子が全米にニュースで伝えられる春の風物詩だった。

2017年、その場には、主役が不在だった。

1月に大統領に就任したドナルド・トランプは、主要メディアと対立するなかで、2月末、恒例のディナーへの欠席を表明する。トランプは2月25日、「今年のホワイトハウス記者協会ディナーには出席しない。みなさん、よい夜を!」とツイッターでつぶやいた。なるほどやはり欠席か、と私は思った。

▼対　立

トランプが宣誓し、第44代のバラク・オバマに続く、第45代大統領に就任したのは2017年1月20日のことである。

トランプは就任前から、メディアを「フェイク(偽)・ニュースだ」と呼び、記者との激しい対立を続けてきた。そもそも、トランプと記者との対立は、2016年の大統領選の選挙戦を通じて、繰り広げられていた。

ただ、ホワイトハウス記者協会の内部では、トランプが大統領に就任する前から、トランプの出席を前提にした調整が続けられていた。記者協会は、この年の夕食会の日程を「4月29日」に決定する。4月29日は、トランプが大統領に就いてから100日目となる節目の日だった。

ホワイトハウス記者協会のメンバーである私たちに、記者協会会長のロイター記者、ジェフ・メイソンが開催日を知らせたのは、トランプが大統領に就く直前の1月中旬のことだった。

記者と対立するなかでもトランプが是々非々の対応でディナーに出席するのか、それともやはり欠席するのか、私は仲間の記者たちと同様、注視していた。

2017年2月中旬，ホワイトハウスで会見するトランプ．記者との対立が強まっていた

ディナーへの申し込みが始まる3月直前の2月末に、トランプは欠席を表明する。

トランプの欠席表明は、予想できるものだったとはいえ、私は、記者たちを敵視するトランプやホワイトハウスの姿勢を改めて感じ取った。

記者とトランプ政権との対立は日に日に深まっていた。トランプ陣営中心にあったのはやはり、「ロシア疑惑」だった。トランプ陣営への記者の追及が強まるなかで、防戦一方の新政権との溝は拡大するばかりだった。

「ロシア疑惑」が広げた溝

「ロシア疑惑」は、ロシアの情報当局が２０１６年の米大統領選に介入し、トランプ陣営の勝利を助けたのではないか、とされるスキャンダルだ。疑惑の核心は「ロシアの情報当局が、クリントン陣営幹部のメールをハッキングして機密情報を取得し、それを大統領選終盤にウィキリークスを通じて公表させ、トランプ大統領の誕生を助けていた」かどうかという部分にあった。その際、トランプ陣営の関係者がロシア側と密接に連絡をとり、水面下で共謀していたのではないかと疑われている。

大統領がからむスキャンダルとしては、ニクソン大統領が１９７４年に辞任に追い込まれた「ウォーターゲート事件」や、98~99年のクリントン大統領と、ホワイトハウスのインターンだったモニカ・ルインスキーとの「不倫疑惑」が有名だ。

ただ、私は、トランプのロシア疑惑については、最初から「ウォーターゲート」や「不倫疑惑」とは次元の違う重大さを感じていた。

実際、旧知の米主要メディアの記者たちと会うたび、私たちはきまってその話になった。

ウォーターゲート事件は、共和党の大統領だったニクソンの再選委員会や大統領側近がかかわって、民主党全国委員会本部に盗聴器を仕掛けようとしていた疑惑である。米ワシントン・ポスト紙のボブ・ウッドワード(Bob Woodward)記者とカール・バーンスタイン(Carl Bernstein)記者の２人が、調査報道を通じて疑惑を明らかにしていった。

事態は、ニクソン本人が事件のもみ消しをおこなったという疑惑に発展。大統領と議会との対立が深まり、ニクソンは弾劾を避けるために自ら辞任した。1974年、大統領を辞任したニクソンが、強気の表情を崩さずに、Vサインを出しながら、ヘリコプターに乗り込む哀愁の漂うシーンが印象的だ。

ウォーターゲート事件は、米国内の2大政党である共和党と民主党の間の争いが根本にある。最終的には大統領の司法妨害が問われたが、いずれにせよ米国内の政治的な争いが問題の中心だった。

「不倫疑惑」は、民主党大統領だったクリントンが、モニカ・ルインスキーと、性的関係にあったとされるスキャンダルだ。

「偽証」と「司法妨害」の二つの訴追項目で米上院の弾劾裁判に発展したが、採決の結果、いずれの項目でもクリントンは「無罪」になった。無罪ではあったものの、不倫自体はあったことが広く知られることとなり、のちのちまでクリントンの大統領としての成功をおとしめる結果になった。

1974年8月9日，ウォーターゲート事件にからんで大統領辞任を表明し，大統領専用ヘリに乗り込むリチャード・ニクソン大統領（リチャード・ニクソン大統領図書館のアーカイブから）

こちらは、ウォーターゲート事件と比べると、米国の権力を巻き込んだ構造的な要素は一層乏しい。

これらと比べると、トランプ陣営のロシア疑惑は、異質だと私は思う。

ロシアは、米国にとって、第2次世界大戦後に40年以上にわたって続いた東西冷戦時代の敵である。1991年にソ連が崩壊したことで、米国は冷戦に勝利した。最近は台頭する中国の挑戦は受けているものの、米国はこの二十数年、唯一の超大国として君臨してきた。

ロシア疑惑は、その米国の大統領選挙が、かつての敵であるロシアに介入を受け、選挙結果が左右された、とされるものだ。

米大統領選は、米国の民主主義の根幹部分といえる。それがロシアの介入を受けたとすれば、冷戦時代にもなかった大きな敗北だ。民主党の上院議員、マーク・ワーナー(Mark Warner)は2017年2月、「(ロシア疑惑の調査は)自分の公僕としての人生のなかで、最も大事な仕事かもしれない」と語った。共和党の上院議員、ジョン・マケイン(John McCain)も5月末、「プーチンは、(米国にとって)主要で最も重大な脅威であり、それはイスラム国(ISIS)以上だ」と話した。共和党、民主党を問わず、問題意識は高まっている。

メディアも、ロシア疑惑の重要性を重く受け止めている。

ウォーターゲート事件を暴いたワシントン・ポスト紙は、オバマ時代は3~4人だったホワイトハウスの担当記者を、トランプ政権では6~7人へと倍増させた。増員はもともと、トランプ政権の検証のためだったが、いまその強化された態勢で、政権を揺るがす特ダネを連発している。

例えば、トランプの右腕だった国家安全保障アドバイザーのマイケル・フリンが、2月に辞任に追い込まれる引き金をつくったのは、ワシントン・ポストの特ダネだった。「フリンが12月にロシア大使と電話で話した際、フリンは実は対ロシア制裁について大使と相談していた。フリンはその会話の事実を隠している」という報道だ。

トランプにとっては、ロシア疑惑を、一枚一枚、皮をはがすように追及し続けるメディアは、「最大の敵」になりつつあった。

その記者たちが、表現の自由を祝うための場として開いている「ホワイトハウス記者協会ディナー」への出席をトランプが断ったのは、ある意味で当然だと私は思った。

過熱する攻撃

政権発足から100日目の4月29日の土曜日夜、トランプは陸路で100マイル(160キロ)以上離れた、ペンシルベニア州ハリスバーグにいた。

アリーナに集まった数千人の聴衆にトランプは、冒頭からこう呼びかけた。

「みんなも知っているかもしれないが、いま、ワシントンDCでもう一つの大きな集まりが開かれているんだ。聞いたことはあるかい?」

トランプがホワイトハウス記者協会の夕食会を欠席し、自らの支持者の集会を開くことはずっと報じられてきており、聴衆は百も承知の話だ。会場では支持者たちから、「ブー、ブー」とワシントンの記者たちに向けた激しいブーイングが巻き起こった。

トランプが「ハリウッドの俳優たちとワシントンのメディアの大きなグループが、首都のホテルのボールルームでいま互いを慰め合っているんだ」と続けると、観衆が沸く。さらにトランプが「彼らは、ホワイトハウス記者協会ディナーに集まっているんだ。それも、大統領なしでだって(They are gathered together for the White House Correspondents' Dinner—without the President)」と語ると、支持者

政権発足100日目の2017年4月29日，ペンシルベニア州ハリスバーグで，聴衆に応えるトランプ

たちはさらに沸いた。

そしてトランプが「ワシントンのヘドロから、100マイル以上離れたところで、今宵をみなさんと、ずっとずっと大きな観衆のみなさんと、ずっと良い人々であるみなさんと一緒に過ごせることほど、うれしいことはないよ」と訴えると、会場の興奮は最高潮に達した。

「ワシントンのヘドロ」というのは、トランプが大統領選を通じ、首都ワシントンの政治家やメディアなどの既得権益層（エスタブリッシュメント）を指して使ってきた言葉だった。大統領選中のトランプの集会と全く同じ光景がそこに再現されていた。演説を聞いて、2020年の大統領選での再選に向け、トランプがすでに動き出しているのだと私は感じた。

それは、彼が向ける批判の矛先は今後もずっと、私たちメディアであり続けるであろうことを予感させる内容だった。

記者たちの結束

ちょうどそのころ、首都ワシントンの「ワシントン・ヒルトン」のバンケットルームにいた私たちはディナーの最中だった。夕食会のチケットは完売で、２０００人以上が集う賑やかな会食ではあったが、例年のようにハリウッドの俳優たちがかけつける様子はほとんど見られず、記者たちが同僚や取材先と交流を深める雰囲気だった。

ディナーを食べ終わるころ、ステージに、イスラム教徒のコメディアン、ハサン・ミナジ（Hasan Minhaj）が立った。ミナジは、米国のコメディチャンネル「コメディ・セントラル」に出演している、インド系アメリカ人だ。

ミナジはのっけから飛ばしていた。

「『ここに招いていただいて、光栄です』というのは、オルタナティブ・ファクト。つまり、光栄とは思ってませんよ。だれもこの役をやりたいとは思っていなかっただろうから。それで、この移民の出番になったんだよね。だれも、このステージをやりたいとは思っていなかったんだ」

冗談めかしたミナジの言葉は、記者が置かれた状況を言い当てていると私は感じた。

大統領のトランプやホワイトハウス全体に欠席され、ハリウッドの俳優たちからも距離を置かれた夕食会の状況を、ミナジは的確に言い表していた。

ミナジは米国民の間のメディアへの不信が強まっていることをとらえてこう言った。「僕には、どうやって（みなさんが）信頼を取り戻すかっていう解決策は分からないよ。でも、トランプの時代にはみなさんは以前にも増して、パーフェクトにならなきゃいけない」「みなさんは少しもミスできないんだ。だって、みなさんのうちの一人でもドジを踏んだら、彼はそれをとらえて、みなさんのグループ全体を責めるから。マイノリティー（少数派）になるっていうのがどういうものか、みなさんもやっと分かったでしょう」

なるほど彼の言う通り、私たち記者はマイノリティーなんだ、と私は思った。

少数派の人々が何かというとレッテルを貼られ、集団のうちのほんの一人の犯罪だけで、全体が悪いように言われる——というミナジの指摘は、移民排斥や少数民族に対する差別が拡大していく過程での構造を言い当てていた。

会場の記者たちは笑ってはいたが、現実を少しずつ思い知らされているような妙な空気が巨大なバンケットルームに漂うのを私は感じた。

ホワイトハウス記者協会ディナーで語るハサン・ミナジ(著者撮影)

この２０１７年の記者協会ディナーは、私にとって、胸に手をあてて考えるような、そんな会になった。

その異例ともいえる夕食会で、私が強い印象を受けたのは、伝説の記者２人からのエールだった。２人とは、１９７０年代、ウォーターゲート事件で、ニクソン大統領を辞任に追い込んだ、カール・バーンスタイン、ボブ・ウッドワードという記者コンビだった。

4月29日夜、夕食会の演台に立った伝説の記者２人は、どのようにしてニクソン政権を追い詰めていったのかを、私たちに具体的に説明していった。

ウッドワードとバーンスタインの２人は、最初はだれも話してくれないなかで、アポ無しで関係者の自宅に行って、ドアをノックして回ったという。

「夜回り」といえば、「夜討ち朝駆け」といわれる日本の記者の専売特許なのだと私は思い込んでいただけに、ウッドワードたちが夜回りで疑惑を暴いていったと聞いたのは新鮮な驚きだった。足で稼ぐ、というのは古今東西変わらないのだと、私はいまさらながら実感した。

2人が、会場にいた私たちに、自分たちの経験を詳細に話したのは、トランプ政権と対峙するメディアを鼓舞する狙いだったのだと、私は思う。

そして、ウッドワードは会場にいないトランプに向けて、はっきり宣言した。

「ミスター・プレジデント、メディアはフェイク・ニュースではありません」

「ミスター・プレジデント」という呼びかけは、記者が大統領に向かって質問したり、ものを申したりするときに使う文句だ。会場を埋めたメディア関係者を代表して、正面から抗議する——。伝説の記者、ウッドワードの決意の言葉に、私たちは大きく頷いていた。

遠く離れた場所にいるトランプから相変わらずの攻撃を受け、「マイノリティー」の厳しい現実にさらされた夕食会で、私たちホワイトハウス記者協会の記者たちの気持ちは結束した。

会場のスクリーンに映し出された演説中のボブ・ウッドワード(著者撮影)

6年前の因縁

ホワイトハウス記者協会ディナーは、トランプとオバマにとって、因縁の場所だった。

6年前、その場所にいた私は、オバマにこき下ろされ、不愉快そうな表情をみせたトランプを目撃した。

6年前の2011年4月30日の土曜日の夜。バラク・オバマは同じワシントン・ヒルトンで開かれた記者協会ディナーで、第44代米国大統領として、夫人のミシェルと共に壇上にいた。

ハリウッドの俳優やコメディアン、財務長官のガイトナー、下院議長(Speaker of the House)のジョン・ベイナー(John Boehner)らを含め、1500人以上が詰めかけたディナー会場のちょうど中央に位置する96番テーブルには、ドナルド・トランプが座っていた。不動産王であり、米NBCの人気番組『アプレンティス(Apprentice＝弟子)』の司会者として名をはせていたトランプは、一般のゲストの一人としてメラニア夫人と共にディナーに参加していた。

少し距離は離れていたが、壇上のテーブルにいるオバマと、トランプは正面で向かい合う形になっていた。

私の席は、会場の左側にあったが、大柄なトランプの姿ははっきりと見えた。ディナーが始まった当初、トランプは周囲と談笑したり、頼まれて何度も記念撮影に応じたりし、くつろいだ様子だった。

午後10時00分、会場が暗くなると共に、「みなさん、アメリカ合衆国の大統領です(Ladies and Gentlemen, the President of the United States)」という声が響き、軽快なロック音楽がスタートした。「俺は本物のアメリカ人だ(I am a Real American)」という歌詞の歌が会場に流れ始める。同時に、米国旗と一緒に巨大なスクリーンに映し出されたのは、オバマの出生証明書だった。

「オバマは、実は米国生まれではなく、大統領になる資格がない」――。米国内では、黒人大統領のオバマに対し、こうした中傷が何度も語られてきた。

その「陰謀論」を先頭に立ってふりまいてきたのはトランプだった。同月のテレビインタビューで、トランプは「米国で生まれていなければ大統領になる資格はない。オバマ氏は、米国で生まれていない可能性がある。オバマ氏のケニアにいる祖母は、彼がケニアで生まれたと言っている」と語り、陰謀論をあおっていた。

トランプはそうした手法で、共和党系の反オバマ層からの支持を拡大していた。陰謀論は無視できないほど大きくなり、ホワイトハウスは、ディナーの3日前の27日、オバマが1961年8月4日にホノルルで生まれたことを示す出生証明書の原本の写真を公表する、という異例の対応をとる。

トランプが大統領になると決意した夜

記者協会ディナーのスピーチに登場したオバマは、その出生証明書を、トランプの面前でスクリーンに大写しにしたのだった。

強烈な皮肉であり、会場は大きな笑いにつつまれた。それは、陰謀論を展開するトランプへの強い怒りの反映でもあると私は感じた。

さらにこの日のスピーチそのものが、オバマの「出生地疑惑」をパロディー化したもので、トランプに向けられていたといってもいい内容だった。

オバマは、こうジョークを飛ばした。「この出生証明書問題を一段落させられたことを、だれよりも幸せに思い、誇りに思っているのはドナルド(・トランプ)だ」。会場はさらに大爆笑になり、そのなかでオバマは「だって、これで彼は、ほかの重要な問題にやっと集中できるだろうから。例えば、我々が月面着陸を偽装(フェイク)していたとか(did we fake the moon landing?)」とも言った。会場の笑いはさらに大きくなった。

オバマはこのとき、偽を意味するフェイク(fake)という言葉を使った。

2011年4月30日，ホワイトハウス記者協会ディナーの席で，トランプをこき下ろすオバマ(著者撮影)

それから5年後の2016年の大統領選挙で、フェイク・ニュースが勝敗に影響を与えることになろうとは、このときオバマも会場にいた私たちホワイトハウス担当記者も知る由もなかった。

トランプは16年の大統領選でも、共和党予備選の対立候補だったテッド・クルーズ(Ted Cruz)や、マルコ・ルビオ(Marco Rubio)に対して、クルーズもルビオも大統領になる資格がない——と示唆し、出生地疑惑を仕掛けた。トランプは、クルーズに対しては、「クルーズの父親は、(ケネディ大統領暗殺犯とされる)オズワルドと、殺害の少し前に一緒にいた」と、クルーズの父親がケネディ暗殺にかかわったのではないかと主張。いずれも根拠のないフェイク・コメントだったが、16年の大統領選では、真偽が分からなかったり、明らかなフェイク・ニュースとみられる情報が大量に流れたりした。

選挙中は、民主党の対立候補だったヒラリー・クリントンに対しても、「児童の性的虐待の秘密組織に深くかかわっている」というフェイク・ニュースが流布された。

大統領選後の16年の末には、このフェイク・ニュースを信じた男がその「秘密組織」があるとされる、ワシントン郊外のピザ店に銃を持って押し入る、という本物の事件まで発生する事態になる。

2016年を代表する言葉の一つに、真実が通用しない世界、「真実後」の世界を意味する、ポスト・トゥルース(post truth)が挙げられたのは記憶に新しい。自らもフェイク・ニュースを発して、陰謀論を作りだし、真偽が入り乱れた2016年大統領選を周到に勝ち抜いたのが、トランプだった。

記者協会ディナーの席で，オバマにこき下ろされている最中，テレビにトランプの険しい表情が映し出された(C-SPAN の映像から)

オバマの執拗な「復讐」がトランプを決心させた

話を2011年4月30日に戻す。

この日、オバマは18分間のスピーチで、実に2分半以上にわたって、トランプをからかい続けた。ディナーの場にいた私には、それは「出生地疑惑」というフェイク・ニュースで攻撃されてきたオバマによる、トランプへの復讐のようにもみえた。

大勢の前で侮辱され続けたトランプは、そのとき、口を閉じたまま両端を上げる愛想笑いのような笑顔をみせてはいた。しかし、離れたテーブルから垣間見たトランプの表情は、私にはかなり不愉快そうにみえた。1500人を超える参加者たちから笑われ続けたトランプはやや気の毒にも思えるほどだった。

オバマはさらに、「トランプはホワイトハウスに変化をもたらしてくれるだろう」と言いながら、ホワイトハウス自体が、「トランプ・ホワイトハウス・リゾート&カジノ」になってしまうイラストを会場に映し出す。

その夜、会場で笑っていた私たちのなかでだれが、6年後に本当にトランプがホワイトハウスの主になると思っていただろうか。

トランプの政治アドバイザーであり、側近としても知られ、ロシア疑惑でもその役割が指摘されるロジャー・ストーンは２０１７年1月の米公共放送ＰＢＳの番組で、こう語った。

「トランプが大統領選に出る決意をしたのは、あの夜だったと思う。彼はあの経験でやる気になった。『大統領選に出よう。そして、みんなに見せつけてやる』と」

2　政権「１００日」の焦燥、権力構造の変化と「分水嶺」

▼焦り

２０１７年1月20日に大統領就任の宣誓をしてから、およそ3カ月。トランプ政権発足から１００日を迎える4月の最終週、私はワシントンにいた。

その1週間のごたごたは、トランプ・ホワイトハウスのありようと課題を如実に示すものになった。

目立ったのは三つの特徴だった。

「不法移民の取り締まりを強化する大統領令が、裁判所の命令で差し止めを受ける」

「言い値ベースで、所得税と法人税の大幅な減税を打ち出すが、実現の道筋は立たない」

「いつまでたっても消えぬどころか深まり続ける『ロシア疑惑』の影」

節目の週に浮き出たのは、政権発足から3カ月超にわたって繰り返されてきた光景の縮図だと私は感じた。

米大統領は政権１００日の節目に、どれだけの成果を出せたのかが検証される。

トランプにとっての政権１００日目は、４月29日の土曜日だった。

米メディアが「最初の１００日(First 100 Days)、成果は？」とこぞって特集を組むなかで、トランプ・ホワイトハウスは、成果を印象づけようと躍起になっているように私には思えた。

ホワイトハウスは、４月24日の月曜日から始まる週について、「政権発足から１００日の週」と自ら位置づけ、北朝鮮の脅威に対処する政権の外交政策から、米国民の関心が高い税制改革の行方などの国内政策にいたるまで、「１００日」の成果をうたいあげる予定を組んでいた。

そこに冷水を浴びせたのは、トランプの大統領令が、またしても裁判所に差し止められる事態だった。

「政権１００日」を迎える週が始まったばかりの火曜日、４月25日の午後。小雨がぱらつき肌寒さを感じる首都ワシントンに伝わったのは、サンフランシスコにある「カリフォルニア州北部連邦裁判所」がトランプの大統領令を差し止めたニュースだった。

トランプは1月25日、不法移民の取り締まりで、連邦政府に十分に協力しない300を超える地方自治体への補助金を停止する大統領令に署名していた。こうした地方自治体は移民に寛容で、警察が移民とみられる人物に理由なく滞在資格があるかを問うことを禁じたりしている。米国で、移民にとっての「聖域都市（サンクチュアリ・シティー）」と呼ばれるこうした自治体に、トランプは矛先を向けていたのだ。

これに対し、リベラルな土地柄で知られるサンフランシスコ市と、その南に位置するカリフォルニア州サンタクララ郡が、大統領令で「回復不能な損害を受ける」として提訴していた。米連邦地裁の一つである「カリフォルニア州北部連邦裁判所」判事のウィリアム・オーリック（William Orrick）が、原告の主張を認めて、トランプの大統領令の効力を一時差し止める決定を下した。オーリックの決定の効力は全米に及ぶ。不法移民対策を重要な柱の一つにするトランプにとっては痛手になった。

司法が浴びせた冷水

トランプの不法移民対策にからむ大統領令が、裁判所にストップをかけられるのは、政権発足以来繰り返されてきた光景だったと私は思う。

トランプは政権発足直後に、中東やアフリカの7カ国からの入国を禁ずる「入国禁止令」を出し、全米の空港は大混乱に陥った。このときも、トランプの大統領令に介入したのが「司法の力」だった。裁判所が入国禁止令を差し止めたのだ。

そこには、前大統領のオバマの影もちらつく。

4月25日、「聖域都市」への補助金を停止する大統領令への差し止め命令を出したオーリックは、2012年にオバマに指名され、13年に米上院が承認した連邦地裁判事だった。

オーリックは差し止め命令のなかでこう書いた。「米国憲法は、予算を使う権限を、大統領ではなく、米議会に与えている。大統領令は、憲法上、予算措置についての新たな条件を加えることはできない」

トランプはすぐさまツイートした。「最高裁で会おう！」

最高裁で決着をつける——冗談めいたトランプの言葉のなかに、私は彼の決意を感じた。

最高裁の重み

米国人にとっての米連邦最高裁判所（The Supreme Court）は、日本人にとっての日本の最高裁以上に、親しみがあり、そして重みがある存在といっていいと私は思う。

日本で15人いる最高裁判事の名前を詳しく知っている人は法曹関係者をのぞいては少ないだろう。

ところが米国では、ある程度の知識人なら、保守派のトーマス判事、リベラル派のギンズバーグ判事など、９人いる最高裁判事の名前をそらんじられる。

知識人にとどまらず、多くの米国人にとって米最高裁判事の個人名は非常に身近な存在だ。

なぜなら、米最高裁は、米国の国論を真っ二つにするような社会問題の行方を、大きく左右する存在だからだ。

日本の最高裁は、憲法上の重要な課題について、「高度に政治性がある」などとして判断を避ける場合が少なくない。しかし、米国の最高裁は、そうした問題について正面から判断を下すことも多く、それは米国人の価値観や社会生活そのものに大きな影響を及ぼしてきた。

米最高裁の判決で最も有名なものの一つは、妊娠中絶の権利を認めた1973年の「ロー対ウェード事件」の判例だ。原告(仮名)と検事の名前をとったこの事件では、妊娠中絶を禁じたテキサス州の法律が、違憲かどうかが争われた。

米連邦最高裁　2017年3月(著者撮影)

このとき連邦最高裁は、テキサス州の法律について、7対2で「違憲」と判断。中絶の権利が守られ、リベラル派にとっては女性の選択の自由を認める大きな判決になった。その一方で、妊娠中絶に反対する保守派にとっては痛烈な打撃になった。

米国内の保守的な中絶反対派は、いまでも最終的には連邦最高裁でこの判決を覆すことを目標にしているといっていい。

米国の最高裁判事は、ときの大統領の指名を受け、米上院で承認されることを通じて、その任に就く。任期はなく、自分で引退しない限り、死ぬまで判事のままだ。それだけに、30年近く判事であり続ける場合が少なくなく、「2期8年」と決まっている大統領以上に米社会に影響を与える存在だと私は感じる。

そして、大統領にとっては、自分の任期中に連邦最高裁判事に空席ができ、後任を指名できることは、大変な名誉になっている。

２０１６年１月末の時点で、米連邦最高裁の判事の構成、名前と年齢、就任年、そして指名した大統領はこうなっていた。

【保守派】
スカリア判事（79）　86年　レーガン
トーマス判事（67）　91年　ブッシュ・父
ロバーツ長官（61）　05年　ブッシュ・子
アリート判事（65）　06年　ブッシュ・子

【中間派（ただし、保守派寄り）】

ケネディ判事（79）　88年　レーガン

【リベラル派】
ギンズバーグ判事（82）　93年　クリントン
ブライヤー判事（77）　94年　クリントン

ソトマイヨール判事(61)　09年　オバマ
ケーガン判事(55)　10年　オバマ

そんななかで、2016年2月13日、ときのオバマ政権にとっても、連邦最高裁にとっても、予期せぬ事態が起きる。レーガン大統領に指名され、30年間最高裁判事を務めてきたアントニン・スカリア(Antonin Scalia)が、テキサス州の狩猟リゾートのホテルの寝室で急死しているのが見つかったのだ。13日は土曜日で、オバマはカリフォルニア州パームスプリングスにいた。週明け15日の月曜日に、東南アジア諸国の首脳らとの会議を開くことになっており、私も、オバマに同行取材していた。

オバマは週末で公式予定を入れていなかったが、夕方、記者会見場にノーネクタイで現れ、厳粛な表情で話し始めた。

オバマはスカリアの業績をたたえるとともに、「しかるべき時期に後任を指名するという、憲法上の責任を果たすつもりだ」とも語り、空席になった判事を指名する考えを明言した。残りの任期が1年を切っていたオバマが後任の最高裁判事を指名する考えを語ったことに私は驚いた。

米国内は大騒ぎになった。スカリアの死で、最高裁の構成は、「保守派4人対リベラル派4人」の五分五分の状態となり、オバマがリベラル派を指名して、上院で承認されれば、リベラル派が5人となって、リベラル派優位に転じるからである。

米上院で過半数を占めていた共和党の院内総務(Senate Majority Leader)のミッチ・マコネル(Mitch McConnell)はすぐさま、「次の判事の選択には米国民の声が反映されるべきだ。新しい大統領が決まるまで、この空席を埋めるべきでない」と表明し、２０１７年1月に就任する新大統領のもとで最高裁判事を決めるべきだとの考えを鮮明にした。

オバマは翌月、中道派である連邦控訴裁判事のメリック・ガーランド(Merrick Garland)を最高裁の判事に指名する。しかし、上院を制していたマコネルなど共和党議員らは審議に応じず、最高裁判事の決定は16年11月の大統領選の行方に委ねられることになった。

スカリアの死で、２０１６年11月8日の「大統領選と、米議会の選挙」は、いっそう重い意味を持つ大変な選挙になると私は感じた。

「次の大統領」と「米上院と下院の構成」、つまり行政府と立法府の方向性を決めることは自明のことだったが、そこに「米最高裁」の今後10年、20年の行方、という司法の方向性をも実質的に決めることが加わったからだ。

米国では、16年11月の大統領選が、「人生に一度(Once in a lifetime)」の重要な選挙だと、いわれるようになっていく。

そしてトランプは、その２０１６年11月8日の大統領選で、大方の予想を裏切って当選を果たす。トランプの勝利は、米国の保守派たちをも驚かせるものだった。

１９７６年に『１９４５年以降の米国保守思想運動』(未邦訳)を記し、戦後の米国の保守思想の系譜を解き明かしたことで知られる、米歴史家ジョージ・ナッシュ(George H. Nash)もまた、トランプが勝利する過程を信じられない思いでみつめた一人だった。第31代のフーバー大統領の公式伝記作家としても知られるナッシュは、実は、「スカリアの死」がトランプを大統領に押し上げた重要な要因だったとみる。私もその点は全く同感だ。

ナッシュは「『スカリアがもしまだ生きていたら、トランプ氏は当選しなかっただろう』という見方が米国にはある。自分もその通りだと思う」と私に語った。

米歴史家のジョージ・ナッシュ

「スカリアの死」

米国内の中西部などに多い保守的な人々にとって、スカリアの死を受けた最高裁の行方は重大な関心事だったという指摘だ。ナッシュはこう言う。「多くの保守層は『トランプに投票しなければならない。彼は完全ではないだろうが、彼が選ぶ判事は、別の人が選ぶよりはましだろう』と考えたのだ」。だからこそ、トランプ大統領の誕生という、「『完全な嵐(perfect storm)』が起こった」、と。

2017年1月に大統領に就いたトランプは、早速最高裁判事の指名に向けた作業にとりかかる。トランプが1月31日に最高裁判事に指名したのは、ニール・ゴーサッチ(Neil Gorsuch)だった。ゴーサッチは、米憲法を厳格に解釈する原理主義派であり、その姿はスカリアに通じるものがある。ただ、急進的な保守派ではなく、保守の幅広い層に受け入れられる候補だった。大統領としてのトランプの資質を懸念していた米議会の共和党主流派も、その選択に安堵した。49歳と若いゴーサッチは、この先30年近く、米最高裁で保守的な判断をし続けることが期待できるからである。

米上院で過半数を占める共和党の協力を得て、ゴーサッチは4月、最高裁判事に承認された。4月10日、ゴーサッチの宣誓式でトランプは「最高裁判事の任命は、大統領の最も大切な仕事。就

ホワイトハウスでトランプが見守るなか，連邦最高裁判事就任の宣誓をするニール・ゴーサッチ　2017年4月10日

任100日以内に成し遂げた」と自画自賛した。入国禁止令など論議を呼んだ施策の多くが裁判所にストップをかけられるなかで、ゴーサッチを最高裁に送り込めたことは大きかったからだ。

それから2カ月余りたった6月26日、最高裁は、大きな判断を下す。トランプが裁判所に跳ね返され続けてきた入国禁止令について、控訴審の判断を一部覆し、禁止令の一部執行を認めたのだ。10月以降に審理し、最終判断するという内容だったが、最高裁が16ページに及ぶ長文の判断を示し、トランプの主張を部分的に受け入れたことは私には驚きだった。

決定文のなかで、保守派の判事であるトーマスとアリートと共に、少数意見としてトランプ寄りの強硬な見解を示したのは、トランプが指名したゴーサッチだった。「最高裁で会おう！」と言ったトランプの言葉通り、最高裁は保守的な方向に振れ始めていると私は感じた。

米連邦地裁や控訴審で自らの大統領令を差し止められてもトランプが繰り返す「最高裁で会おう！」という文句の背景にあるのは、ゴーサッチを指名し、上院での承認にこぎつけた自信だと私は感じる。

▼骨格だけの「大型政策」

とはいえ、ゴーサッチの最高裁判事への指名と承認をのぞけば、トランプの「政権発足100日」は具体的な成果に乏しい。

その焦りが如実にあらわれたのは、政権100日を迎える4月の最終週だったと私は感じた。

週半ばの水曜、26日、ホワイトハウスのブリーフィング・ルームに、大柄な男が入ってきた。

男の名は、ゲイリー・コーン(Gary Cohn)。米ウォール街を代表する投資銀行ゴールドマン・サックスで、最近まで社

国家経済会議(NEC)議長のゲイリー・コーン

長を務めていた人物だ。米金融界で最大のブランドといっていいゴールドマンは、米国のハーバード、イェール、プリンストンなど、あらゆるエリート大出を集めるトップ金融機関である。そのなかにあって、コーンは異色の存在だ。労働者階級の家庭に育ったコーンは、あるとき一念発起して、ニューヨークのウォール街に飛び込む。ある金曜日、投資銀行がひしめくウォール街のビルで、銀行家を待ち伏せし、タクシーで空港に向かうという会話を聞きつけて、「一緒に乗っていいですか?」と乗り込んだ。

タクシーのなかで、その銀行家に、「ウォール街で働きたいんです」と訴えたのだという。その男から「いまオプションという取引を始めているんだけど、そういうのは分かるか?」と問われ、コーンは「オプションのことなら何でも知っています」と即答。男から「だったら週明けに面接に来てくれ」とコーンは約束をとりつける。オプションとは、株式や債券などの特定の商品を、将来の一時点であらかじめ決められた価格で売ったり買ったりする権利を売買する複雑な金融取引だ。

実は、コーンはオプションのことなど全く知らなかった。タクシーを降りると、すぐにオプション

の基本について書かれた本を買いこんで、週末の土日に4度読破。週明けにそしらぬ顔で、面接に臨み、ウォール街の働き口を手にした。

エリート金融機関にあって、たたき上げであるコーンは、ゴールドマンで社長にまで上り詰めていた。そんなときに、大統領に当選したトランプに請われ、米国家経済会議議長(Director of the National Economic Council)に就任する。オバマ政権時には、米財務長官経験者であるラリー・サマーズ(Larry Summers)が占めたホワイトハウスの経済の司令塔だ。

コーンが、ゴールドマン時代の同僚で、米財務長官に就いたスティーブン・ムニューチン(Steven Mnuchin)とともに4月26日に打ち出したのは、減税を中心に据えた、抜本的な米国の税制改革案だった。

「法人税率を15%にする」

「所得税率については、いま七つある税率を、10%、25%、35%の三つにする」

「標準的な所得控除を2倍にする」

「相続税を廃止する」

いずれも、実現すれば、いまの米国の税制を大きく変える内容だ。

米国の法人税率は現在、先進国で最も高い35%に上る。トランプ案はそれを一気に半分以下の15%まで下げ、日本の現在の法人実効税率29・97%よりも大幅に低い水準まで低下させることになる。

所得税は、「39・6%」「35%」「33%」「28%」「25%」「15%」「10%」と現在7段階になっている税率を、「35%」「25%」「10%」の3段階へと簡素化するという提案だ。最高税率が39・6%から35%まで下がり富裕層に有利なほか、「33％」「28％」の税率がなくなることで高収入の中間層にもプラスになる。「15％」の税率がなくなることで、比較的低収入の中間層にとっても追い風になりそうな中身になっている。

さらに相続税の廃止は、多額の資産を持つ富裕層にとってはきわめて大きな減税になる。それだけに、コーンは、「これまでで最も大きな税制改革の一つだ」と意義を強調した。

その野心的な提案の一方で、基本的な設計に乏しい内容だと私は感じざるを得なかった。ブリーフィングでホワイトハウスが配ったのは「法人税率を15％にする」などと、簡単な項目だけを記した、たった一枚の紙だった。

歴史的な大減税をおこなおうとすれば、当然それに伴う税収減をどう捻出するのかが最大の課題になる。しかし、配られた一枚紙には、減税の財源をどこからひねり出すのかといった改革の実現に向けた説明は一切なかった。

財源は不明で、税制改革実現の時期についても「今年末までに」と言うだけ。私は「大改革」にしてはあまりにもざっくりとした提案だ、と正直思った。

▼消えた「国境税」

さらに、トランプが、2016年の大統領選中や、政権発足当初にも主張していた目玉政策についての言及が消えていた。米国から外国に拠点を移す製造業などの企業に対して課す国境税（ボーダー・タックス）である。

トランプは就任直前の1月11日の会見で、「外国から(米国に)モノを売るなら、とても高い国境税を払うことになる」と明言していた。そして20日に大統領に就任した約1カ月後の2月28日、米上下両院での施政方針演説で、トランプはこう強調した。「現在、我々が米国製品を輸出すると、他の多くの国々はとても高い関税や税金を我々にかける。なのに、外国の企業が彼らの製品を米国に出荷するとき、我々はほとんどなんの負担も課していない」。税制改革を通じて、国境税をかける意図を鮮明にしていたのだ。私は世界貿易機関(WTO)を取材していたことがあり、WTO協定に明らかに違反する国境税に半信半疑だったが、トランプがあそこまで言うなら何らかの施策は打ち出すのだろうと思っていた。

しかし、米国内の輸入業者や小売大手から、輸入品が高くなってモノが売れなくなることを懸念する声が噴出する。米国の消費者にとっては、物価が高くなることを意味することもあり、結局、「国境税」という目玉政策は、4月末に打ち出されたトランプ政権の「抜本的な税制改革」案には盛り込まれなかった。

米国では、大統領は法案を提出できない。法案を提出するのは米議会であり、下院と上院で法案を通し、それが大統領の署名を経て、法律になる仕組みだ。ホワイトハウスは議会に法案をつくってもらうように働きかけることしかできない。大統領提案はいわば「言い値」にすぎず、それを米議会に法案として仕上げてもらうために、どれだけ説得力のある材料を提供できるのかに成否がかかっている。ただ、トランプ・ホワイトハウスの「抜本的な税制改革」案には、議会を納得させるような裏付けやデータは見あたらなかった。

政権発足97日目に打ち出された大型減税案は、大胆な内容ながら、詳細な設計が全く明らかではないスローガンのような内容にとどまったと私は思う。そこには、米有権者に「成果」を強調したいトランプ政権の焦りばかりが見え隠れする一方、政策実現に向けた道筋は見えなかった。

米国民から税金をとる税制改革案だけでなく、集めた税金を使う予算案でも、同様の事態が起こっていると私は感じた。

トランプ政権が3月半ばに打ち出した2018会計年度(17年10月~18年9月)の予算案の概要で、政権は国防費を1割に当たる540億ドル(約5兆9000億円)分増やす考えを示した。国防費の大幅増の財源として、国務省と海外援助を担う国際開発局の予算を全体で28%、101億ドル(約1兆1000億円)減らす意向を示した。対外援助の多くを減らす内容なだけに、米国内には衝撃が広がった。

ただ、こちらも実際に予算案をつくるのは米議会の仕事だ。上下両院で過半数を占める与党・共和党の下院議長のポール・ライアン(Paul Ryan)は、ホワイトハウスの予算案を歓迎する考えをすぐに打ち出しただけに、国防費を増額し、国務省の予算や対外援助を減らす基本的な方向性は維持されるだろう。しかし、私は国防予算の増額幅や、国務省予算の減額幅がトランプの提案通りになるのかは疑わしいと思う。オバマ政権の元高官は私に、「対外援助を減らすのはそう簡単ではない。というのは、対外援助の大半は、援助を受けている国に進出している米企業に、建設工事などの契約を通じて落ちる仕組みになっているからだ。米企業に直接影響が出るだけに、反発も広がるだろう」と語った。

▼「壁建設」は……

実は、17年10月から始まる「18会計年度予算」どころか、米国では、足元の政府の機能を支えている「17会計年度」を続けるのも危うい、政府閉鎖寸前であるのが実態だと私は感じる。米政府を動かしている予算措置が、トランプ政権発足後の４月末に切れる見通しだったからだ。前オバマ政権下では、上下両院で過半数をとっている共和党が、オバマ政権が提案する内容の予算案をつくって通すことに激しく抵抗してきた。予算案づくりで与野党の折り合いがつかず、結局、定期的にいまの歳出の水準を少しずつ延長する「継続予算決議（Continuing Resolution, CR）」という手法がとられることが多いのが現実だ。

米与野党はもともと、２０１６年11月の大統領選前後に政府閉鎖を巡る駆け引きで政府が混乱に陥るのを避けるため、17年はじめまでの予算を「継続予算」の形で措置していた。それが、トランプ新政権が発足して１００日を迎える4月末に切れる予定になっていた。つまり、4月末までにその先の予算措置で合意できなければ、トランプ政権は政府閉鎖に陥るおそれがあったのである。

政府閉鎖を回避するための期限は、トランプ政権発足から99日となる4月28日の金曜日だった。トランプ政権は、当初はこの4月末以降の継続予算に、メキシコとの国境の間の壁の建設費用として、15億ドル（約１６５０億円）を盛り込むよう米議会に求めていた。しかし、政府閉鎖の回避を優先する与党・共和党執行部は、壁建設費用の盛り込みに民主党側が反対していることを踏まえて、これを見送った。

「メキシコとの国境の壁建設」費用の計上が見送られたことで、結局、２０１７年9月末までの予算措置がなされ、政府閉鎖は回避された。

「歴史的な大規模減税」「国境税」、そして「メキシコとの国境の壁建設」は、トランプが派手な言い回しで言及し、そのときには新聞やテレビの見出しにはなって大きく報じられるものの、実際の政策に落とし込む段階になると進展しないのが実情だ。この傾向は、米国内向けの政策で如実にあらわれており、私はこれがトランプ政権の数カ月の現実だと思う。

消えぬロシア疑惑

政権100日を迎えた4月の最終週の後半。象徴的だったのは、トランプ政権が100日の成果を米国民にアピールしようと必死になっているなかで、ロシア疑惑が再び頭をもたげたことだった。

トランプ・ホワイトハウスが週半ばに、大減税を柱にした抜本的な税制改革を打ち出した翌日に明らかになったのは、2月に国家安全保障アドバイザーの職を辞任したフリンの疑惑の深まりだった。トランプに安全保障政策を指南する一番の側近だったフリンは、新政権が発足する前の2016年12月に、ロシア大使と電話で、対ロシア制裁について話し合っていたことが明るみに出て、閣僚級の重要ポストである、国家安全保障アドバイザーからの辞任を余儀なくされていた。

そのフリンが、米国防総省からの許可を受けずに、ロシアやトルコから、報酬を受け取っていたことが明らかになり、法律違反の疑いで当局が調査に入っていることが4月27日に表面化したのだ。フリンは、軍を退役後の2015年、ロシアの政府系テレビ「RT」のイベントに参加し、講演料4万5000ドル(約500万円)の報酬を得ていた。どこまで行っても常にロシア疑惑から逃れられないのは、トランプ政権の宿命になりつつあるように私には感じられた。

フリンは、オバマ政権下で米国防総省の国防情報局（Defense Intelligence Agency, ＤＩＡ）の局長を務めたあと、２０１４年に任を解かれていた。米下院監視・政府改革委員会の筆頭理事である民主党議員のイライジャ・カミングス（Elijah Cummings）は27日の会見で、フリンがＤＩＡ局長を辞任する際、ＤＩＡから「これ以上ないほど明確に」（カミングス）、国防総省側の許可を受けずに外国政府からお金を受け取ってはいけない、と警告されていたことを明かした。米メディアは朝からこの問題を繰り返し報じる。政権１００日の節目の週の最後に、ロシア疑惑が再燃する結果になった。

フリンを巡っては、米政府に、機密事項を取り扱うための「セキュリティー・クリアランス（秘密取扱者適正性確認）」を申請した際に、本来は報告しなければならないこうした報酬の受け取りを記載しておらず、虚偽申告の疑いも出ている。トランプの国家安全保障アドバイザーだった人物にロシアとの関係だけでなく、法律違反の疑いまで生じたことは、トランプ本人の任命責任にもつながり、政権には頭の痛い話だろうと私は思った。

ところが、政権発足１００日が目前に迫るトランプ・ホワイトハウスは、フリン疑惑の矛先を、前任者のオバマに向けた。そのことに私は余計驚いた。

米メディアでフリンの法律違反が朝から騒がれていたなか、27日昼すぎに会見した大統領報道官のショーン・スパイサーへは、なぜフリンの問題をトランプ陣営が見逃したのか、という点に記者の質問が集中した。

ＦＯＸ（フォックス）ラジオの記者、ジョン・デッカー（Jon Decker）は「あなたたちは、フリン氏が国家安全保障アドバイザーになる前にトランプ陣営の政権移行チームがおこなった身辺調査に、満足しているのか?」と聞いた。

スパイサーは「フリン氏は、職業軍人であったし、高いレベルのセキュリティー・クリアランスを軍にいる間、維持していた。フリンがセキュリティー・クリアランスを最後に再発行されたのは、2016年であり、オバマ政権からだ」と答える。

もちろん、フリンがオバマ政権時代にDIAの局長だったのは周知の事実だ。ただ、米国にある16の情報機関の一つの「DIAのトップ」と、情報機関全体の情報を踏まえて大統領に安全保障政策を直接助言する閣僚級のポストの「国家安全保障アドバイザー」では格が違うと私は思う。

重要ポスト候補者の身辺調査の責任を、トランプ・ホワイトハウスが、前オバマ政権に転嫁しようとし始めたことに、記者たちは唖然とした。

CNNのホワイトハウス担当記者、ジム・アコスタもいらだったように聞いた。「フリンは、単にオバマ政権の身辺調査だけに基づいて、(トランプ政権に)入ったということか、ショーン? あなたはそういう印象を我々に与えている」

スパイサーは「その通りだ」と回答。アコスタは「フリンが、オバマ政権による身辺調査だけで(トランプ)政権に入ったなんて、意味が通らないよ」と反応すると、スパイサーは「意味は通るよ。あなたがたが、ホワイトハウスの記者会見場に入るために記者証を申請するのと一緒だよ」と返した。

アコスタは「私は、国家安全保障アドバイザーではないですよ」とあきれた顔で言った。

国家安全保障アドバイザーのセキュリティー・クリアランスの過程を、「記者と同じ」と言うスパイサーの口ぶりに、私自身も唖然とするよりほかなかった。そして、フリンの身辺調査の責任を、前任のオバマに転嫁するトランプ政権には、新政権発足から１００日近くが過ぎてなお続く、オバマ政権への強い敵愾心を感じずにはいられなかった。

▼「分水嶺」、そして……

フロリダ州パームビーチにある「冬のホワイトハウス」と呼ばれる宮殿のような建物「マー・ア・ラーゴ（Mar-a-Lago）」のなかにあるレストランに、２人の大柄な男が座っていた。２０１７年４月６日夜、夕食を終え、２人がデザートのチョコレートケーキを食べ始めていた午後８時すぎ、トランプは、すぐ右に座っていた中国国家主席の習近平に語りかけた。

「主席、ちょっと説明させてください（Mr. President, let me explain something）」

トランプの言葉に習は耳を傾けた。トランプはこう続けた。

「私たちは59のミサイルを、シリアに向けて発射しました。それをお伝えします（we just launched 59 missiles, heading to Syria and I want you to know that）」

習は10秒間にわたり、沈黙する。

そして、通訳に向かって、「もう一度言っていただけますか？」と再度説明を求めた。その様子に、トランプは、あまり良い反応ではないのではないか、と感じたという。

しかし、習の反応はやや異なるものだった。トランプによると、習はこう言った。「子どもたちや赤ちゃんに（化学兵器の）ガスを使う者に対して（の攻撃）は、構いません（Anybody that uses gases to young children and babies, it's OK）」

米国と中国、二つの超大国の首脳が、シリア攻撃というトランプ政権が始まって以来の米国の大きな軍事行動について話し合った瞬間である。トマホークミサイルによる、シリアの空軍基地への攻撃の最中に、米大統領が中国首脳に作戦が実行中であることを伝え、それを中国首脳が容認する、というきわめて異例の場面だった。私自身、ホワイトハウスを取材してきたなかで過去に聞いたことのないシーンだった。

▼急転換

トランプ政権は攻撃のつい1週間前までは、シリアのアサド政権の存続を容認する考えを示していた。

3月30日、米国連大使のニッキ・ヘイリー(Nikki Haley)は、一部メディアに「米国の優先順位は、もはやアサド氏追放に固執することではない」と発言。アサドの追放を目指してきたオバマ政権との政策の違いを鮮明にし始めたところだった。アサドを追放するよりも、イスラム国(IS)の打倒が重要だとして、ロシアやシリアのアサド政権との協力を模索する姿勢をみせたのだ。

しかし、アサド政権が4月4日、反体制派が拠点にしているシリアのイドリブ県で、猛毒のサリンを含む化学兵器を使った空爆をおこなった可能性が高まると、トランプの姿勢は一変する。

トランプは5日、ホワイトハウスのローズ・ガーデンで、ヨルダンのアブドラ国王と開いた共同記者会見の席で、「(越えてはならない一線を意味する)レッドラインどころか、たくさんのたくさんの線を越えた(crossed many, many lines, beyond a red line)」と明言した。

「レッドライン」は、オバマが2013年にシリアの内戦にからんで使ったことで有名だ。オバマは、シリアのアサド政権が化学兵器を使えば、「レッドライン」を越えることになる、と事前に警告し、その場合の軍事行動を示唆していた。ところがアサド政権が、実際に化学兵器を使ったにもかかわらず、オバマは軍事行動を起こさなかった。米保守派から、「弱腰だ」とオバマが激しく批判された一件である。軍事介入に消極的なオバマ政権の外交を象徴するエピソードだと私は思う。

トランプは5日の会見で、「オバマ政権には、彼（オバマ）がレッドラインに言及したとき、この危機を解決する大変よい機会があったのに(I think the Obama administration had a great opportunity to solve this crisis a long time ago when he said the red line)」と、軍事介入しなかったオバマの判断を非難していた。このとき、トランプはすでに軍事行動に向けた検討に入っていたのだ。

即席のシリア攻撃

トランプ政権によると、シリア攻撃に至る過程はこうだ。

シリアが化学兵器を使った疑いが強まった4日、朝10時30分の大統領向けのブリーフィングで、トランプは事態について報告を受ける。

トランプは、さらなる報告をおこなうように求めた。ホワイトハウスや各省のスタッフが4日午後8時には、いくつかの対応策をまとめあげ、トランプに提示。トランプはこうした検討のなかで、三つあった選択肢のうち、二つに関心を示し、さらなる検討を進めるように指示したという。

スタッフたちは5日朝にも会議を重ねて対応策をさらに詰め、5日の午後3時には、トランプも出席する国家安全保障会議（NSC）が開かれた。トランプはここで対応策の精度をさらに高めるよう求める。

翌6日は、トランプが、習との米中首脳会談のため、フロリダ州に向かう日だった。

トランプは、フロリダに向かうエア・フォース・ワン（大統領専用機）の機中で午後1時半、再び国家安全保障会議を開催。フロリダに着いたあと、トランプは午後4時に、国務長官（Secretary of State）のレックス・ティラーソン（Rex Tillerson）、国防長官（Secretary of Defense）のジム・マティス（Jim Mattis）、国家安全保障アドバイザーのH・R・マクマスター（H. R. McMaster）らと再び国家安全保障会議を開き、トランプはその場で攻撃を命じたという。

そして、トランプが習と夕食を共にしていた午後7時40分59秒、トマホークミサイルが、シリアの空軍基地に向けて発射された。

トランプ政権に近い関係者は、「3カ月はかかる軍事作戦の計画を、わずか3日でおこなった」と私に話した。

軍事作戦をどう煮詰めていったのかは、通常は機密情報として公開されないものだ。しかし、トランプ政権は3日間で、軍事作戦をどうまとめていったのかを詳細に説明している。思いつきで軍事介入したのではなく、短期間で周到に準備されたのだということを米世論に訴える狙いがそこからは透けて見えると私は感じる。

ただ、アサド政権が化学兵器を使用したことが濃厚になるなかで、1週間前までの「アサド容認姿勢」から、アサド政権の攻撃へと、トランプの政策が短期間で180度転換したことは動かしようのない事実だった。

しかも、オバマが２０１３年に設定した、「アサド政権が越えてはならない化学兵器の使用というレッドライン」への対処を、逡巡の末に軍事介入を断念したオバマ本人ではなく、後任のトランプがわずか3日で実行するという結果になった。

6日午後9時40分、「マー・ア・ラーゴ」で緊急にしつらえられた演台から、トランプは米国民に厳粛な表情で語りかけた。「今夜、私は、化学兵器による攻撃をおこなった拠点であるシリア空軍基地を目標にした軍事攻撃を命令した（Tonight, I ordered a targeted military strike on the airfield in Syria from where the chemical attack was launched）」。そして、トランプは続けた。「アサドの行動を変えようとする、これまで数年間の試みはすべて失敗してきた。非常に劇的に失敗してきたのだ（Years of previous attempts at changing Assad's behavior have all failed, and failed very dramatically）」

オバマができなかった軍事介入を、自分が実行した――。トランプの言葉にはそんな思いが明らかに込められているのを私は感じた。

ここにもまた、オバマに対するトランプの強烈な対抗心があらわれていた。

追い込まれていたトランプ

実はシリア攻撃の直前、トランプ政権が1月にスタートして以来最大の苦境に立たされていたことは、日本ではあまり知られていないと私は思う。大統領選を通じて約束してきた「一丁目一番地」ともいえる政策で、手痛い敗北があったのだ。

それは、「オバマケア」と呼ばれる、オバマ政権が導入した医療保険制度改革についての政治的な駆け引きの際の失態だった。

米国人にとっての「オバマケア」の重要性は、国民皆保険制度が確立している日本人には分かりにくい。

米国では、高齢者向け(メディケア)と低所得者向け(メディケイド)をのぞいて、大きな公的保険はない。人々は勤務先を通じて民間の保険に入っているケースが多い。ただ、中小企業のなかには、従業員に保険を提供できないケースも多く、約3億人の米国民のうち、無保険者は実に約5000万人にのぼっていた。米国内では「先進国なのになぜ国民皆保険がないのか」と長年社会問題になっていた。公的保険の整備は、1990年代に民主党のクリントン政権が取り組もうとしたがうまくいかなかった。2009年1月に大統領に就いたオバマは、政権初期に民主党が上院と下院の両方で過半数を制していた政治的な力をテコに、医療保険制度改革を歴史的な事業と位置づけて邁進。「オバマケア(医療保険制度改革法)」を2010年に成立させた。

オバマケアは、保険会社に、無保険者や病歴のある人に対しても、手頃な値段の保険を提供させる内容だった。そして個人や中小企業には保険に加入するための補助金を出す一方、個人に保険への加入を義務づけた。10年間の政府支出は1・3兆ドル(約140兆円)にのぼる一方で、無保険者は半分の2500万人程度まで減るといわれていた。1960年代以来の大改革といわれ、法案を2010年に米議会で成立させる際には、民主党議員が手をつないで議会前を歩いたほどだった。

しかし、共和党など保守派や、自立を重んじる米国人の間ではすこぶる評判が悪かった。保守的な米国人からは「保険に入るか入らないかは個人の自由。それを政府が義務づけるのは、国家による個人への介入だ」という反発が巻き起こった。

「オバマケアを廃止せよ（リピール・オバマケア、Repeal Obamacare）」――は、オバマ政権下で、オバマに反対する共和党や、共和党支持者にとっての一大スローガンだった。トランプはその流れに乗って当選した。

トランプは大統領就任から約1カ月後の2月28日、米上下両院でのスピーチで宣言した。

「オバマケアは崩壊している。我々はすべての米国民を守るために毅然と行動しなければならない（Obamacare is collapsing—and we must act decisively to protect all Americans）」

共和党の上院下院の議員たちがスタンディング・オベーションを送る一方、民主党側はだれも拍手せず、両党の対立は鮮明だった。

トランプは政権発足１００日以内に、オバマケアの廃止法案を米議会で通そうと計画していた。オバマと民主党がオバマケアを成立させたときと同様、今度は与党・共和党が、米国の上下両院で、過半数を握っていたからである。

先に述べたように、米国では、大統領は法案を提出できない。法案は米議会が提案し、上下両院で可決したあと、大統領が署名することを通じて法律ができる仕組みだ。

トランプの求めに応じて、共和党の下院の執行部は3月初旬にオバマケアを廃止するための代替案を打ち出した。保険への加入義務づけを廃止する一方で、過去に病歴があっても保険に入れる仕組みの一部を維持し、保守派とリベラル派双方の支持を得る狙いだった。

ところが、オバマケアが廃止されると、これまでは大きく減っていた無保険者が、急拡大するという試算を、米議会予算局(CBO)が公表するなかで、風向きが変わり始める。

CBOはもともとオバマケアのもとで、2010年には5000万人いた無保険者の数が、2026年には2800万人にまで減少すると見通していた。

しかし、CBOはオバマケアが廃止されれば、18年には無保険者が1400万人増えると予測。無保険者の数は26年までには2400万人増加し、全体の数は5200万人に達するとの見通しを示した。

これでは無保険という社会問題が再燃することになる。

米国民の半数以上が、共和党のオバマケア代替案に反対しているという世論調査も出るなかで、与党・共和党内で異論が高まっていった。

共和党は下院(計435議席、空席5)で237議席と過半数を占めていたが、オバマケアの全廃を求める強硬派と、無保険者が増えることを懸念する穏健派の両方から反発が出て、30人近くが反対する見通しになり、過半数の216票を確保するのが難しい情勢になった。

3月下旬には、トランプ本人が調整に乗り出し、「この代替案をいま成立させることができなければ、あなたがたのうちの多くが、2018年の中間選挙で議席を失うことになる」と反対する共和党議員に妥協を強く迫ったという。

トランプ流の〝のるかそるか〟の瀬戸際作戦だったが、反対派の壁は突き崩せず、共和党執行部は結局、下院での採決を3月24日に断念することになる。

トランプは大統領選を通じて、ワシントンの既得権者たちを一掃すると訴えてきた。トランプは「自分が大統領になれば、勝って勝って勝ちまくり、もうお願いだから負けてくれと言われても勝ち続ける」と公言してきた。

トランプは、大方の予想を覆して共和党の予備選を勝ち抜き、大統領選でも劣勢の見通しを突き破って当選を果たした。

それが、今回は、自らが乗り出したにもかかわらず、身内の共和党を説得できず、「オバマケア」という最重要課題で代替案を採決さえできない、という無様な敗北を喫することになった。

トランプは「(代替案を成立させることができず)がっかりした。ちょっと驚いた(I'm disappointed because we could've had it. I'm a little surprised I could tell you)」と吐露。トランプのあっけない敗退は私にとってもかなりの驚きだった。

トランプの失態を、米メディアはこぞって「大きな敗北(Major Defeat)」「トランプもワシントンには勝てなかった」と報道した。週明けに出た世論調査では、目玉政策での敗北が響いて、トランプの支持率は、前週よりも５ポイント低い、36％まで下がり、政権発足以来の最低を記録した。

さらに、ロシア疑惑を巡っても、連日のようにスキャンダルが出て、政権は火消しに追われる日々だった。米メディアは毎日、オバマケアでのトランプの後退と、ロシア疑惑を報じ続けていた。

そんな最中、シリアのアサド政権による化学兵器使用の疑いが４月４日に明らかになる。トランプ政権発足から77日目の４月６日、トマホークミサイル59発でシリアの空軍基地を攻撃すると、翌週の米メディアは、シリア攻撃の報道で一色になった。

シリア攻撃は、政治的な「負け」が込んできていたトランプにとって、支持率を回復するきっかけになる。背後にあったのは、国家安全保障アドバイザーであるマクマスターや、国防長官のマティスに頼る現実路線にカジを切ったトランプの方向転換だった。

▼傷心からの転換

トランプがそれまでのやり方を転換するようになったきっかけは、やはり3月24日の金曜日に「オバマケア」を廃止する法案で票が足りず、下院の採決に持ち込めなかったことだろう。

このとき、傷心のトランプは、旧知の記者2人に電話している。1人はワシントン・ポスト記者のロバート(ボブ)・コスタ(Robert (Bob) Costa)、もう1人はニューヨーク・タイムズ記者のマギー・ハーバーマン(Maggie Haberman)だ。いずれも、大統領選を通じて長くトランプを取材してきた記者だ。次に示すように、2人の記事は興味深い。

ボブ・コスタの携帯電話が鳴ったのは、24日午後3時31分。コスタは、番号が非通知だったため、最初は、読者からの苦情の電話かと思ったという。電話に出ると、相手は、「ハロー、ボブ」と言った。トランプだった。オーバル・オフィスからの電話だったため、セキュリティー上の理由で非通知になっていたのだった。

トランプはこう続けた。「それで、あれは引っ込めたよ」。「あれ」とは、オバマケアを廃止する法案のことだった。トランプの声は静かだったという。

通常、大統領のインタビューは、大統領報道官に申し込み、長い交渉の末にようやく実現するのが普通だ。大統領が突然電話してくることなど私も聞いたことがない。トランプはそうしたしきたりにとらわれない人物だからこそコスタに電話したのだろうが、初めての大きな政治的な敗北にうちひしがれていたのではないかと私は思う。

コスタへの電話で、トランプは、党内の票をまとめきれなかった共和党執行部を批判するのではなく、野党・民主党側が協力しなかったことを批判し続けたという。トランプは「政権発足から最初の61日で、(オバマケアを)廃止して、他の法案で置き換えるとは私は言っていないよ」とも語り、そのあとで、そばにいるとみられる側近に向かって、「今日で何日だったっけ？　まあ何でもいいや」と言ったという。コスタが最後に、精力を傾けてきた法案を引っ込めることになった事態から学んだ教訓は何だったかを問いかけると、トランプはこう言ったという。「そういう日もあるっていうことだよ(just another day)」

ニューヨーク・タイムズのハーバーマンへの電話も、同様にオーバル・オフィスからだった。トランプはやはり、民主党が法案に協力しなかったことへの不満を語り続けた。いっときは、トランプが、スキー旅行から帰ってきた娘のイバンカに声をかけている様子も聞こえたという。

トランプは法案の撤回に追い込まれたことについて、「がっかりはしていない(I'm not disappointed)」と強調し、「もしそうだったら君に電話していないよ(If I were, I wouldn't be calling you)」と話したという。

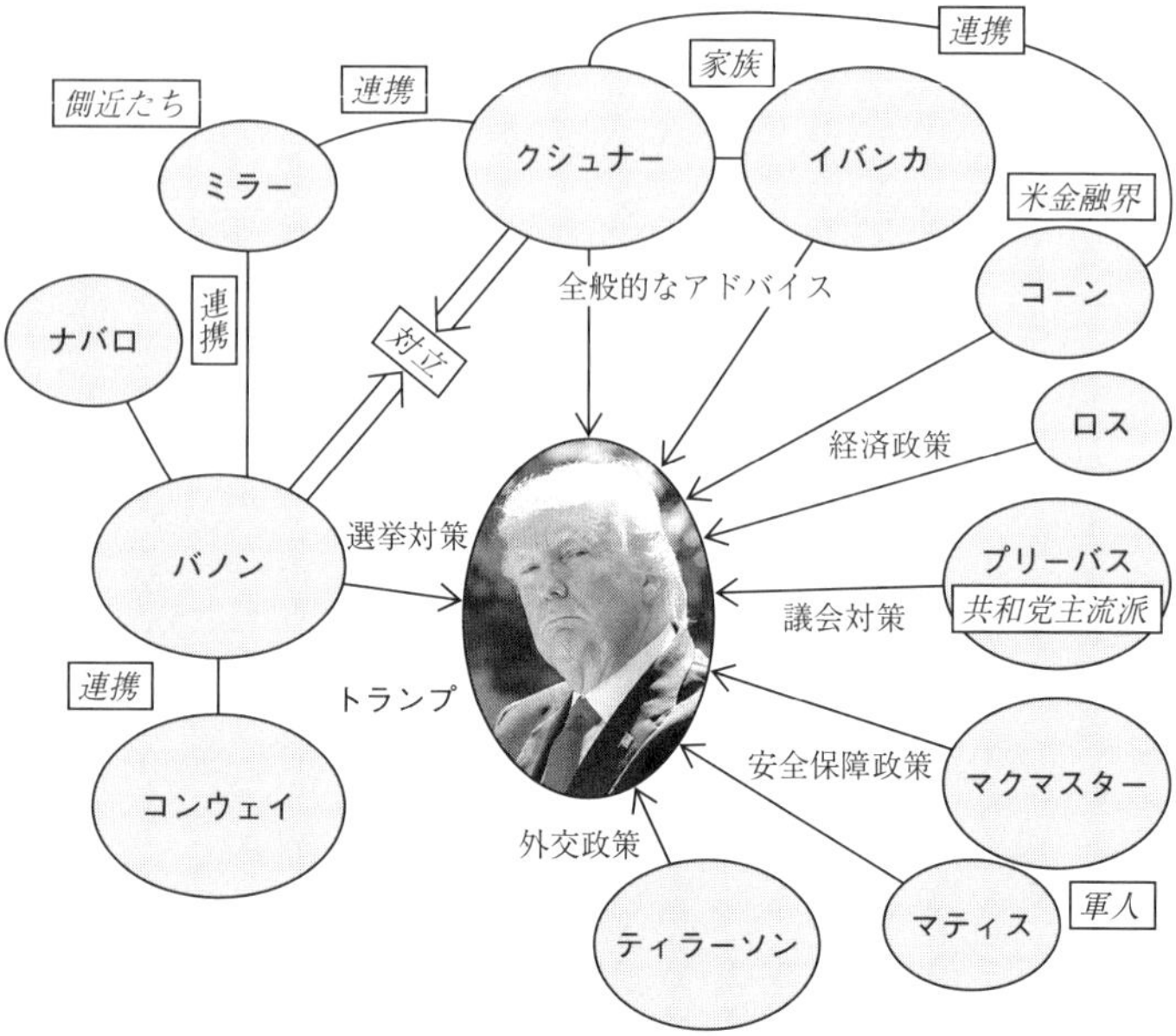

トランプ政権の構造

▼変化した権力構造

1月から出してきた中東・アフリカからの入国禁止令が裁判所からストップされ、3月24日のオバマケア廃止法案でも結果が出なかったことを受け、ホワイトハウスの内部のパワーバランスは変化し始めたと私は感じる。

トランプ政権に近い関係者によると、政権内では、

- ポピュリストで、入国禁止令などを主導した首席戦略官のスティーブ・バノン(Steve Bannon)
- トランプの娘イバンカの夫で国際派の上級アドバイザー、ジャレッド・クシュナー(Jared Kushner)
- トランプの娘のイバンカ(Ivanka Trump)

・大統領選で、トランプ陣営の責任者を務めていたケリアン・コンウェイ(Kellyanne Conway)
・首席補佐官で共和党主流派のラインス・プリーバス(Reince Priebus)

という大統領に強い影響力を持つ５人程度がもともと中核として存在していたという。
ある米主要メディア記者は「この政権は、本当に幹部からのリークが多い」とあきれるように私に明かした。

側近たちは、だれがトランプの信任を勝ち得るかで激しく競い合っており、ライバルをおとしめるリーク合戦になっているのだという。それが、ニュースとなって世間に伝わってスキャンダルになり、ホワイトハウスは火消しに追われる毎日が続いているというのが政権発足当初の実態だった。

政権に近い関係者や、米大手メディアの記者の話によると、トランプ・ホワイトハウスのなかで最初に大きな力を持ったのはバノンだったという。

トランプ政権発足当初は、バノンは米国の安全保障政策を左右する「国家安全保障会議(ＮＳＣ)」で閣僚級が参加するプリンシパルズ会議に席を得て、大きな力をふるっていた。

バノンは、米海軍を経て、ハーバード・ビジネス・スクールを出て、ゴールドマン・サックスに入った。その後独立し、リベラル派だけでなく、保守派の既得権益層も攻撃する「オルタナ右翼」のメディアである「ブライトバート(Breitbart)」を中心で率いていた人物だ。ブライトバートは、フェイク・ニュースを広げたり、外国人を嫌悪したり、女性を蔑視したりする論調で知られる過激な右翼メディアといえる。バノンは、トランプの右翼的な言動の背後にいる影のような存在だ。黒幕とみられ

2017年2月10日，ホワイトハウスでの日米共同記者会見で勢揃いするトランプ政権の幹部たち．左から，ラインス・プリーバス，ジャレッド・クシュナー，イバンカ・トランプ，スティーブ・バノン，マイケル・フリン，ゲイリー・コーン．フリンはこの3日後に辞任した

ていることにも、「暗闇はいいことだ（Darkness is good）」と語り、「（ジョージ・W・ブッシュ政権の副大統領の）ディック・チェイニーも、（スター・ウォーズの）ダース・ベイダーも、悪魔にしても、それはパワーだ」と言ってはばからない。まさにトランプ政権の「ダース・ベイダー」のような存在と私は感じていた。

トランプ政権初期に力を増したバノンは、国内政策については、トランプのスピーチライターで入国禁止令などの一連の政策を担当したスティーブン・ミラーと連携。またバノンは、経済政策については、中国からの輸入製品に高率の関税をかけることなどを主張する対中強硬派のピーター・ナバロ（Peter Navarro）と連携し、バノン―ミラー―ナバロのラインは、強硬な政策を打ち出す原動力になっていた。

▼クシュナーとバノン

それと対立するのは、トランプの娘婿のクシュナーである。

トランプの信頼が厚いクシュナーは36歳と若く、トランプ本人と似た経歴の持ち主だ。ユダヤ系のクシュナーはハーバード大卒で、ニュージャージーやニューヨークで不動産開発業を営んでいた父の事業を受け継ぎ、それを大きく拡大させてきた。もともとは民主党候補を支持してきたが、２０１２年の大統領選で共和党候補だったミット・ロムニー（Mitt Romney）を支援したのを機に、共和党に鞍替えしたといわれる。２００９年にトランプの娘のイバンカと結婚した際にはニューヨークの芸能メディアの注目の的になった。もともと名が知られるようになったのは２００６年にニューヨーク・オブザーバー紙を買い、メディアビジネスにも携わってからだった。

クシュナーは、２０１６年の大統領選において、激しい気性の持ち主であるトランプを終始なだめながら、データ分析に基づいた科学的なアプローチを続け、陣営を勝利に導いたといわれる。

トランプが大統領選の勝利直後の11月10日、ホワイトハウスにオバマに会いに行った際、一緒に連れていったのがクシュナーだった。

トランプは、自分がオーバル・オフィスでオバマと会っている際、クシュナーをオバマ・ホワイトハウスの事務方トップである首席補佐官、デニス・マクドノー（Denis McDonough）と会わせていた。ホワイトハウス内を、クシュナーとマクドノーが会話しながら散策する姿を、ホワイトハウス詰めの記者たちは見逃さなかった。その事実は大きくは報道されなかったが、ホワイトハウス詰め記者たちの間ではその頃から、クシュナーが、トランプ・ホワイトハウスの内部を仕切るのだろうというのが一致した見方だった。私自身、最初からカギを握る人物として注目していたのは何といってもクシュナーだった。

ところが、翌年1月にトランプ政権が発足すると、力を得たのは、「バノン―ミラー」のラインだった。ニューヨーク・タイムズによると、クシュナーとイバンカは、幼い子どもたちを連れて、ニューヨークからワシントンへの引っ越しに忙しく、当初はホワイトハウスにいないことも多かった。その「力の真空」につけ込んだのが、バノンだったという。トランプは、NSCの常任メンバーのなかに、バノンを入れるという物議を醸す大統領令に署名した際に、その大統領令の中身について十分知らされてもおらず、その後怒ってもいたという報道もあった。

ただ、それよりも、トランプを怒らせたのは、バノンらが主導した入国禁止令が裁判所の差し止めにあうなど、強硬路線の政策が混乱ばかりを生み、トランプの支持率を下げていったことだった。

失点続きのトランプ政権の発足当初の2カ月に危機感を強めたのは、クシュナーだった。妻であるイバンカと共に、現実的な路線へとトランプを引き戻し始めたのだと私は感じた。

路線変更の大きな転換点となったのは、バノンが4月5日、NSCの常任メンバーから外されたことだった。バノンは、一貫して外国の政策に米国が過度に介入することに反対し、シリア攻撃にも異を唱えていたという。バノンが外された翌日の4月6日、トランプは中国国家主席の習との夕食が進むなかで、シリア攻撃を実行した。トランプの右隣には、習夫妻が座っていた。さらに、習夫人の右隣にいたのは、クシュナー、イバンカ夫妻だった。

シリア攻撃でトランプを支えたのは、国家安全保障アドバイザーのマクマスターであり、国防長官のマティスである。ただ、そうした安保政策を決めるNSCにはこれまではバノンがおり、軍事介入に反対してきた。そのバノンを外す原動力になったのは、クシュナーであり、そのクシュナーという「パワー・センター(力の中心)」の後押しがあって、軍出身のマクマスターやマティスの発言力が強まっている、と政権に近い関係者は私に明かす。トランプが頼るホワイトハウスの重心の位置は、クシユナーのもとへと動き始めていた。

▼相次ぐ「180度転換」

このシリア攻撃を境に、トランプは、政策の「180度転換」を相次いでおこなうようになった。中国に対しては、「自分が大統領になったらすぐに中国を『為替操作国』に認定する」というのが大統領選中からの公約だったが、北朝鮮問題での中国の協力と引き換えに、中国の為替操作国認定をあっさり取り下げた。

北大西洋条約機構(NATO)についても、トランプは大統領選を通じて、「時代遅れだ」と批判してきた。しかし、4月半ば、オーバル・オフィスでNATO事務総長のストルテンベルグに会ったトランプは、「(NATOを)時代遅れだと以前に言ったが、いまや時代遅れではない(I said it was obsolete; it's no longer obsolete)」と言い方を真逆に転換した。

こうした「Uターン」は、経済政策についても同様で、トランプが現実路線に傾いていることを示していたと私は思う。

その背景にあるのは、やはり、ホワイトハウス内でトランプが頼りにする側近のバランスの変化だった。特に、対中、対NATOといった外交・安保政策だけでなく、経済政策でも変化が相次いだことは特筆されるだろう。

ここで台頭してきたのは、国家経済会議議長のゲイリー・コーンだ。ゴールドマン・サックスの元社長コーンが連携するのは、クシュナーだ。ロイター通信によると、クシュナーは、コーンが幹部だったころのゴールドマンでインターンをしたことがあり、大統領選の勝利後にコーンをトランプに引き合わせたという。

クシュナーはビジネスを通じて中国と関係が深いが、ゴールドマンも中国政府や中国企業と深い関係がある。コーンは、トランプ政権が4月末に打ち出した大規模な税制改革案をまとめ上げただけでなく、トランプが打ち出している大規模なインフラ再建計画や、「オバマケア」の廃止法案の設計などにもかかわっているという。

トランプ政権に近い関係者が、私に経済政策のもう一人のキーパーソンとして挙げたのは、商務長官のウィルバー・ロス（Wilbur Ross）だ。ロスは、米国の著名投資家であり、「再建王」として知られる人物で、もともとトランプと親しい間柄だ。

コーンとロスが経済政策で大統領の信頼を得る一方、トランプは、首席補佐官のプリーバスら共和党主流派との協力も拡大させ、「オバマケア」の廃止法案の修正と可決を目指す動きを加速させていった。

見えてきた統治スタイル

政権100日が過ぎた5月4日、共和党下院の執行部は、オバマケアの廃止・代替法案の下院での可決にこぎつける。病歴のある人をカバーする方法について、法案を一部修正し、3月時点の法案に反対していた党内の下院議員たちを一人ひとり切り崩していった。

5月4日午後3時すぎ、オーバル・オフィスの外のローズ・ガーデンを埋め尽くした議員たちから、スタンディング・オベーションを受けるなかで、トランプは演台に立ち、宣言した。

「これはオバマケアを廃止し、それに置き換わるものだ（This is a repeal and a replace of Obamacare）」

法案は、今後米上院に送られ、さまざまな修正が加えられる可能性があり、紆余曲折も予想される。しかし、3月24日には党内の票をまとめきれずに下院の採決から撤退せざるを得なかった「最悪の状態」から比べると、わずか1カ月余りでトランプが手にした政治的な大勝利、と言えるものだったと私は思う。

「オバマケアの廃止」をオバマケアが成立した2010年から7年間にわたってスローガンにしてきた共和党支持者への約束を果たすための大きな一歩につながるからだ。

政権発足から数カ月が過ぎ、見え始めたのは、トランプの統治スタイルだ。

ホワイトハウス内で、トランプを支える側近たちの要に位置し、政策全般を指揮するのは上級アドバイザーのクシュナーだ。

安全保障政策でそれを支えるのは、国家安全保障アドバイザーのマクマスター、国防長官のマティスであり、外交政策を支えるのは、国務長官で、元エクソン・モービルトップだったレックス・ティラーソンだ。

経済については、クシュナーに近く、経済政策全般を支えるコーンの比重が増している。そして、貿易政策においては商務長官のロスの影響力が大きい。

そして、首席補佐官であるプリーバスを通じて、共和党下院議長のポール・ライアンと協力し、共和党主流派と連携する姿勢も明確になりつつある。法案を通さない限り、さまざまな改革をトランプがおこなうことは実質的に無理だからだ。

一方、影響力を低下させているバノンが政権外に去る可能性が指摘されることも多いが、私は、バノンはホワイトハウス内で一定の影響力を保ち続けるのではないかと感じる。

バノンは16年11月の大統領選勝利の直後、米ハリウッドのメディアのインタビューで、「我々は今後も白人の60%の票を得て、黒人とヒスパニックの40%の票を得ればいいのだ。そうすれば、今後50年は統治し続けられる」と語ったことがある。その選挙参謀としての見方は鋭く、ジョージ・W・ブッシュ(George W. Bush)を当選させ、再選も実現させた懐刀、カール・ローブを思わせる存在だと私は思う。

米国内で、「忘れ去られている」と感じている白人の労働者層の支持をつなぎとめることはトランプの2020年の大統領選での再選に向けてきわめて重要だ。そのためには、ブライトバートなどのオルタナ右翼メディアもつなぎとめることがトランプにとっては戦略的に必要であり、私は、バノンはホワイトハウス内の核の一つであり続けるのではないか、と感じる。

ただ、実際の安保・外交・国内政策は、クシュナーを軸とする側近や閣僚たちが、共和党主流派と連携しながら進めていくのではないか。その一方で、ポピュリズム的なメッセージはバノンらを通じて選挙向けに発信し続ける。つまり、米国の軍や金融界、議会の現実的なエリートたちが実際の政策を動かす一方、トランプからの過激なメッセージはこだまし続ける。政権発足数カ月で見えてきたのはそんな姿だと私は考えている。

企業業績のように

トランプ本人は、異なる部下たちを競わせるマネジメントスタイルで知られる。

実際、米メディアによると、トランプのオーバル・オフィス（大統領執務室）から、ホールを隔て、すぐそばに執務室を構えるのはクシュナーであり、その奥の部屋はバノンが占める。イバンカの部屋は、大統領執務室の1階上の場所にあり、やはりすぐそばだ。ウェスト・ウィングにおいては、執務室が大統領からどれだけ近いかが、側近の力をはかるバロメーターでもある。その意味で、クシュナーとバノンは依然として激しく競り合う存在だ。

ニューヨーク・タイムズに載った、元下院議長のニュート・ギングリッジ（Newt Gingrich）のコメントは印象的だ。トランプと個人的に親しいギングリッジはトランプの部下との接し方についてこう語っている。

「古典的なビジネスモデルのようなものだと考えるといい。トランプは勝者に投資するのが好きだ。そうすればもっとお金がもうかるからだ。その意味で、ジャレッド（・クシュナー）は、コンスタントにかなり勝ち続けている。トランプとの関係というのは、いわば、いつも（企業の業績のような）四半期ごとのレポートを求められているようなものだ」

多くの側近を置き、勝ち続ける者を選んで投資する、というトランプのスタイルについてのギングリッジの評価は言い得て妙だと私は思う。それは、クシュナー以外の他の者が勝ち始めれば、トランプの関心はその側近に向かうことになることを意味しているからだ。

再び訪れた混乱

クシュナーを軸に軌道に乗りかけたかにみえたトランプの統治スタイルだったが、ロシア疑惑で2017年5月、トランプがFBI長官のコミーを解任し、インタビューなどでトランプ自身が墓穴を掘る発言をして大統領弾劾につながる苦境をつくったことで、状況は一変する。

5月下旬、トランプにとっての初の外遊では、サウジアラビアやイスラエルとは緊密に連携する姿勢をみせる一方、NATOとの会議では、トランプは北大西洋条約5条の集団的自衛権について触れず、ドイツやフランスとの溝が鮮明になった。

6月1日には、クシュナーやイバンカの反対を押し切って、パリ協定からの離脱を発表。ロシア疑惑で追い込まれ、四面楚歌になるなかで、トランプはバノンらの強硬路線に再び傾き、自らの強固な支持層へと逃げ込むような姿勢を示しているようにみえる。

自らの決断や発言が招いたロシア疑惑の深まりで、トランプ政権の方向性は再び不透明になりつつある。

第4章

トランプ対メディア——その亀裂の真相

ショーン・スパイサーの会見には毎日120人を超える記者が押し寄せている　2017年3月(著者撮影)

深刻な対立

「どう？　トランプ政権と記者の関係は、少しは落ち着いてきた？」

私が２０１７年３月末、ホワイトハウスのブリーフィング・ルームで、旧知のロイター記者、ジェフ・メイソンにこう声をかけると、メイソンから真顔で即答された。

「トシ、落ち着いてきているように本当に見えるかい？　全くそんなことはないよ」

メイソンは、トランプ政権と対峙するホワイトハウス記者協会の会長を務める。私は軽いジョークを言ったつもりだったが、メイソンの真剣な表情を見て、冗談めかした自分の言葉を恥じた。

トランプ政権と、ホワイトハウス記者協会との対立は、深刻で根深いものだった。

ホワイトハウスの記者たちを代表して闘うメイソンの苦労は、推し量ってあまりあるものがあった。

メイソンに時間をとってもらい、正式なインタビューの形でいまの現状を改めて聞いた。

「ホワイトハウスとの緊張関係が続き、その最前線で政権と対峙していますよね？」と私が問いかけると、メイソンはこう話した。

「ホワイトハウス記者協会は、ホワイトハウスと建設的な関係を築こうと、懸命にやっています。

ホワイトハウス記者協会会長のロイター記者，ジェフ・メイソン　2017年3月（著者撮影）

それはトランプ氏が大統領選に勝利した直後から始まり、1月にも政権が発足する前にミーティングをおこない、以来ずっと続けてきています。良いときも悪いときもあるし、(いずれにせよ)政権との間には大変な緊張関係がある。我々は、米国憲法の修正1条に定められた表現の自由を守るため、日々立ち上がっているのです」

記者に敵対的な態度をとり続けるトランプ政権に、ホワイトハウス記者の代表として向き合い続けているメイソンの言葉は直球だった。

遅れてきた大統領報道官

実際、ホワイトハウスと記者の激しい対立は、毎日のブリーフィングで繰り広げられている。2017年3月30日、ホワイトハウスのウェスト・ウィングにあるブレイディー・ブリーフィング・ルームは120人を超える記者で立錐の余地もないほど混み合っていた。午後1時半に始まるはずだった大統領報道官、ショーン・スパイサーの定例会見(デイリー・ブリーフィング)のスタートは珍しく遅れていた。

オバマ大統領時代、大統領報道官のジョッシュ・アーネストのデイリー・ブリーフが遅れるのは常だった。30分遅れは当たり前、1時間近く遅れることも少なくなかった。私たちホワイトハウス担当記者の間では、どうせ開始時間は遅れるはずという「ジョッシュ時間」ともいうべき認識があり、定刻に席に座っている記者は、まばらだった。その代わり、ブリーフィング直前になると、ホワイトハウスは「2分前!(Two Minutes Warning!)」という、アメリカンフットボールで試合終盤に流れるアナウンスを模した放送を流し、米主要メディアの記者たちがそれを聞いて、ノートパソコンをわしづかみにしながら、慌てて席につく、といったことが日常だった。

それに比べ、スパイサーの「時間厳守」は、記者にとって、トランプ政権になって前オバマ政権よりも改善された数少ない利点だった。

そのスパイサーが30日は、記者から向かって左側の青い扉から、なかなか姿を見せなかった。

私は理由にすぐ気づいた。ブリーフィングの開始時間の2分前の午後1時28分、ニューヨーク・タイムズが電子版で、「ロシア疑惑にからみ、オバマ政権に不利な情報を、トランプに近い下院の情報（インテリジェンス）委員会のデビン・ニュニアス（Devin Nunes）委員長に流していたのは、トランプ・ホワイトハウスの2人の高官だった」と特ダネを流したのだ。

ロシア疑惑を調査する立場の下院情報委員会のニュニアス（共和党）が、トランプを擁護するような行動を繰り返していることは、この週のワシントンの最大の話題だった。

米CNNニュースでも、保守系のFOXニュースでも、ニュニアスの対応のまずさについて専門家たちが連日、侃々諤々の議論を展開していた。

ニュニアスの行動で不審がられていたのは、ニュニアスが、3月21日夜、人目を避けるようにホワイトハウスの敷地内に入り、何者かから機密情報についてのレクチャーを受けていたことで、それがだんだんと明らかになってきていた。

「下院の情報委員会の委員長ならば、米議会があるキャピトル・ヒルの一室で、機密情報の説明を受ければいいではないか」という指摘が相次ぎ、いったい何をだれから聞いたのかが、焦点になっていた。私もホワイトハウスの取材を続けてきたが、下院の幹部がホワイトハウスに機密情報のレクチャーを受けに来るなどということは聞いたことがない。明らかに不審な行動だった。

記者からの追及に、ニュニアスは、ホワイトハウスの関与を否定する口ぶりで逃げの姿勢を続けていた。スパイサーも、記者から、「だれがニュニアスのホワイトハウスへの入館を助けたのか」「だれがニュニアスに機密情報を提供したのか」を繰り返し問われていた。が、スパイサーは「調査する」と言ったきり、それ以上は答えようとしなかった。

そんななかで、ニューヨーク・タイムズがニュニアス委員長を助けたホワイトハウスの２人の高官の名を、「国家安全保障会議（ＮＳＣ）のエズラ・コーエン＝ワトニックと、弁護士でホワイトハウススタッフのマイケル・エリスだった」と実名で報じたのである。私は記事を読みながら、会見室でスパイサーを待った。

27分遅れで、ブリーフィング・ルームに現れたスパイサーは軽いジョークを飛ばす。しかし、記者たちはほとんど笑わなかった。

▼「私たちは攻撃されている」

冒頭、スパイサーがいくつかの発表を読み上げたあと、スパイサーと記者たちは言い合いになった。ニューヨーク・タイムズの報道についてコメントを避けるスパイサーに対して、記者からは執拗に質問が飛ぶ。質問は、そもそも、スパイサーが、３日前の27日に、「（だれがニュニアスを助けたのかを）調べる」と記者たちに約束したにもかかわらず、いっこうに回答しようとしない点に及んだ。

なかなか答えようとしないスパイサーにかみついたのは、ホワイトハウスのブリーフィング・ルームで最前列に座る米CBSテレビのホワイトハウス取材キャップ、メイジャー・ギャレット(Major Garrett)だった。

スパイサー「チェックをおこなっているところで……」
ギャレット「あなたは私たちに、喜んで調査し、答えると言ったではないか」
スパイサー「だめだ、だめだ、だめだ、やめてくれ、どうか私がしゃべっているときに遮らないでくれ。私は、答えを提供するとは決して言っていない。私が言ったのは、我々はそのことについて調べる、ということだ」

スパイサーとホワイトハウス記者との定例記者会見でのやりとりは政権発足以来、常にこんな調子だ。

この2日前の28日の記者会見では、やはり質問に答えようとしないスパイサーの様子に、ベテラン女性記者のエイプリル・ライアン(April Ryan)が、だめだという様子で首を振ると、スパイサーは「どうか首を振るのをやめてもらえないか」と何度も言った。人の仕草に立ち入ったスパイサーのこの言い方は、黒人の女性記者に対する差別なのではないかと、ネットなどで大きな批判を浴びる結果になった。ライアンは翌日、CNNテレビで、黒人女性だから差別を受けたのだとは思わないという考えを示す一方で、やりきれない様子でこう語った。「我々、記者全体が、攻撃にさらされている。

私たちはこの政権に攻撃されている(we are the press who is under attack. We are under attack by this administration)」

いまや「高視聴率番組」

米主要紙記者は「いまのホワイトハウスのブリーフィングは、戦闘モード(combating nature)になってしまっている」と私に語った。スパイサーと記者が厳しい応酬をする、ディベートのような場に変質しているからだ。

スパイサーが「違う、違う、ちょっと待ってくれ」と記者を制したり、記者の側が「どうして質問に答えてくれないんだ」と言い返したりする場面が日常茶飯事になっている。

そうした、スパイサーとホワイトハウス詰め記者との激しいやりとりは、テレビで高視聴率を稼ぐという副産物ももたらしている。「昼メロ(ソープオペラ)よりも、ホワイトハウスのブリーフのほうが高い視聴率を稼ぐようになっている」(米主要メディア記者)のだ。

実際、スパイサーが姿を現す直前の時間になると、米テレビの記者たちは、ブリーフィング・ルームからの生中継を始めることがトランプ政権になってから、多くなっている。テレビ記者らは、今日のブリーフの見どころなどを説明。そこにスパイサーが入ってきて、そのままブリーフィングが全米に中継される、という具合だ。オバマ政権時代は、よっぽどのニュースがあるとき以外は、大統領報道官のブリーフィングが生中継されることはなかった。

スパイサーと記者の「対立」は、米国民が注目する重要コンテンツなのだ。

対立構造を決定づけたのは、トランプの就任翌日だった土曜日の夕方、スパイサーが突然開いた記者会見だった。

前日の大統領就任報道で、ホワイトハウススタッフも、記者たちも疲れ切っていた21日の夕方、午後5時半すぎのことだった。体にいま一つフィットしていないスーツ姿で現れたスパイサーは、最初から戦闘モードでがなり立てる。

「昨日、米国や世界が、米国の平和的な権力委譲を目にしていたとき、メディアの一部の者たちは、意図的に偽りの報道をおこなっていた」

その場に居合わせた米主要紙記者は「おいおい、いったい何だよ」と思ったという。緊張関係はあるものの、一定の距離と信頼関係を築いてきた歴代のホワイトハウスの大統領報道官と異なり、スパイサーは初日にいきなり、記者たちをフェイク(偽)・ニュースの手先のように決めつけたからだ。

スパイサーが問題にしたのは、米メディアの多くが、トランプの就任式の観客数が、8年前のオバマの就任式のときよりもずっと少ない、という報道をしていたことだった。スパイサーは、メディアは観客数が少なく見える写真を意図的に使っていると記者たちを激しく非難し、「ニューヨーク・タイムズさえも、実態を表していない写真を紙面に掲載した」と憤った。

スパイサーは「就任式の観客は、過去最大だった。それで話は終わりだ」と叫ぶように5分間にわたってまくし立て、怒った記者たちが質問しようとするのを無視して、ブリーフィング・ルームを去った。

この異例のトランプ政権の第1回会見は、トランプ・ホワイトハウスのメディアを敵視する姿勢を象徴するものになった。記者たちをなじるスパイサーの姿は、米メディアだけでなく、世界のメディアで流れ、トランプ政権の攻撃的な姿を印象づけた。

「もう一つの事実」という嘘

トランプの就任式の観客数を巡る論争は、スパイサーの初日の会見だけでは終わらなかった。観客数について、米メディアが８年前のオバマの就任式の写真と、１月20日のトランプの就任式の写真を並べて掲載し、トランプの方が明らかに少ない様子を次々と伝えるなか、21日のスパイサーの反論会見に続き、翌22日の日曜日には、トランプ側近で、大統領選の陣営責任者を務めたケリアン・コンウェイが、ＮＢＣテレビの名物報道番組『ミート・ザ・プレス』にホワイトハウスから出演した。

「観客数が過去最大だ」と主張するトランプ政権に対して、司会者のＮＢＣアンカー、チャック・トッドが「なぜ、大統領報道官が壇上に立つ初日に、虚偽を言わせるようなことをしたのか」と繰り返し問いかける。これに対し、コンウェイは「ショーン・スパイサー大統領報道官が提供したのは、もう一つの事実だ(Sean Spicer, our press secretary—gave alternative facts)」と言い切った。

トッドは、「もう一つの事実というのは事実ではない。それは虚偽というんだ(Alternative facts aren't facts, they are falsehoods)」と切り返した。

オルタナティブ・ファクト(alternative fact)という言葉は、真偽を証明できない主張であったり、明らかに虚偽とみられる主張を、根拠を示さずに強弁し続けるトランプ政権の姿勢を象徴する言葉になっていった。

政権発足前からの暗闘

トランプ・ホワイトハウスと、記者との闘いはトランプの就任前から始まっていた。トランプが大統領に就任する1カ月前から、トランプ政権の幹部たちは、ブリーフィング・ルームの見直しに言及し始めていた。

2017年1月に入ってから伝わり始めたのは、ウェスト・ウィングにあるブレイディー・ブリーフィング・ルームでおこなわれていた大統領報道官の毎日の定例記者会見の場所を、隣接するビルであるアイゼンハワー行政府ビルに移すというアイデアだった。「トランプ政権を取材したいというメディアの数は大きく増えている。より広い場所で、より多くのメディアが入れるようにしたほうがいい」という考えを、政権発足前の移行チームの幹部たちが口にし始めた。

「より多くのメディアが入れるように」という言い方は、正論だ。ただ、ブレイディー・ブリーフィング・ルームは狭いながらも、取材を希望する記者が入りきれない、ということはなかった。「政権の狙いは別のところにある」、私を含めたホワイトハウス記者協会の記者たちはそう受け止めた。

高官へのアクセスという本質

ホワイトハウスのウェスト・ウィングは、大統領をはじめ、ホワイトハウスの中枢のスタッフたちが集まる米政府の中枢部である。

記者会見がおこなわれるブレイディー・ブリーフィング・ルームは、ウェスト・ウィングの一角である。そしてブレイディー・ブリーフィング・ルームの場所は、大統領執務室までは直線距離で50メートルほどしか離れていないところにあった。

もちろん、許可がなければ、ウェスト・ウィングの内部には入っていけないが、扉を隔てた少し先には、ホワイトハウスの中枢を占める高官たちの部屋が密集している。

つまり、ホワイトハウス詰めの記者にとって、ブリーフィング・ルームがウェスト・ウィング内にあることは、ホワイトハウス高官へのアクセスのしやすさという点で、とても重要な意味を持っているのだ。

米メディアなどでよく目にする、「ホワイトハウス高官によると」「政権幹部によると」「米政府高官によると」といった匿名の幹部のコメントをとりやすいのは、ウェスト・ウィングに記者会見場があり、その会見場に隣接して記者の作業スペースがもうけられていることも大きい、と私は思う。

それは少なくとも、１９８０年代のレーガン政権前後から30年以上にわたって続いてきた、ホワイトハウスと記者の間の伝統だった。記者はホワイトハウスのウェスト・ウィングで、政府高官へのアクセス権を与えられ、それによって権力監視をおこなう。権力側も説明責任として、記者が出入りする状況を認める、という仕組みだった。

その根幹部分に切り込んできたトランプ新政権の狙いは明らかだった。記者を遠ざけ、政権の情報がメディアに出ることを防ぐためだったのだろうと私は思う。

だからこそ、ホワイトハウス詰めの記者たちは、徹底的に抵抗し始める。ホワイトハウス記者協会会長のメイソンは1月15日、私たち協会会員の記者たちにこんな檄文を送った。「ホワイトハウス記者協会は、ブリーフィング・ルームをこの場に残し、ウェスト・ウィングの政権幹部たちへのアクセスが開かれたものであり続けるよう闘う」

結束する記者たち

トランプが1月20日に大統領に就いて以降も、政権側と、ホワイトハウスの記者協会との議論は続いた。

私たち記者協会は、ブリーフィング・ルームを移されることに強く反対。高官への取材が保証されることが、表現の自由を守るために不可欠であることを訴え続けた。

ホワイトハウスとの間では、記者協会のプール取材でも、間違った情報を与えられたり、政権側の不手際で大統領の取材を逃してしまったりするケースもあった。

その都度、記者協会会長のメイソンは先頭に立ち、ホワイトハウス側に改善を求める状況が続く。私たち協会のメンバーは、メイソンを強く支持し、記者協会が一体になってホワイトハウス側と対峙した。

日本の記者クラブでは、最近は政権寄りのメディアも増えるなかで、記者クラブとして一致団結して権力側と向き合うことが難しいケースも出てきていると、私は同僚から聞いた。

その意味では、日本の記者クラブよりも、ホワイトハウスの記者協会のほうがよっぽど、記者が一枚岩になって権力側と相対しているように感じる。

ホワイトハウスでの会見の際によくあるのは、政権が特定の記者やメディアを攻撃し始めたときに、記者たちがメディアごとの論調の違いを超えて、瞬時に団結することだ。事前の打ち合わせなど全くないのに、だれか一人の記者が攻撃されているのを目にすると、他社の記者たちは一致してそうした政権の姿勢を批判し、その記者を擁護するのが常だ。

日本での会見では、質問はそれほど出ず、パソコンでメモをとる記者たちが懸命にキーボードをカタカタとたたく音が会見場に響いていることが多い。ホワイトハウスで、記者たちが政権と正面から対峙し、波状攻撃のような質問を大統領報道官に浴びせ、報道陣として瞬時に結束する姿を見ると、私はいつも新鮮な気持ちを覚える。

▼死守

メイソンをはじめとするホワイトハウス記者たちの粘り強い交渉の結果、トランプ政権側が、ブリーフィング・ルームを、別のビルに移動させるという案は沙汰やみになる。記者たちには、執務棟であるウェスト・ウィングへのアクセスも、引き続き確保されることになった。

3月末、久しぶりに会ったメイソンに私は聞いた。

「実際、最前線で政権と対峙していて、オバマ政権とトランプ政権の違いはどんなところにあると思う?」

「たくさんの違いがあるよね。新政権が誕生すれば、(記者団との)関係は変わるものではあるけれど、

デイブ・ボヤー

（トランプ政権とは）思ってもみなかった闘いやバトルが起こっている。でも、これまでと同じように報道の重要性を説くことには変わりはないし、そうして続けていることには驚きはないね」

ホワイトハウス記者協会を率い、絶えず政権の圧力を跳ね返しているメイソンの言葉には、責任感と自負が感じられた。

保守系のワシントン・タイムズ紙のホワイトハウス担当、デイブ・ボヤー（Dave Boyer）は私に、「トランプ政権になってから、もう24時間記事を出さなくちゃいけなくて大変だよ。クリントン政権の最初がこんな感じだったらしいけど」と冗談交じりにぼやいた。ただ、トランプから激しい攻撃を受けながらも、米国人記者たちの士気は高いと感じる。

▼「カメラなし」 後退する説明責任

ところが、6月に入ると、ホワイトハウスは、テレビカメラで生中継される毎日の定例記者会見（デイリー・ブリーフィング）の伝統を変質させ始める。

大統領報道官によるこの会見は、テレビで自由に生中継できるのが、長年の慣例だった。しかし、トランプ・ホワイトハウスは、テレビカメラが入ることを許さない「カメラなし（off camera）」形式の会見を6月から極端に増やすようになる。

3月、4月には、ふつうにカメラが入った会見を大統領報道官のスパイサーが週3、4度おこなうことが多かった。ところが、6月には、「カメラなし」の会見ばかりになり、カメラが入った会見は週1度ほどにまで減ってしまう。会見後に、音声だけを流すことは認められているが、臨場感は著しく低下した。

記者たちは「透明性に欠ける」と抗議しているが、スパイサーは「政策についての実質的な議論をしている」として、カメラが入った会見になかなか応じようとしない。

ホワイトハウスがカメラ入りの会見を嫌がるのは、スパイサーや副報道官のサラ・サンダース(Sarah Sanders)が、記者の質問の波状攻撃を受けてうまく答えられなかったり、失態を犯したりすることを恐れているのだと私は思う。ただ、大統領報道官は、記者たちの厳しい質問を浴びながらも、どうやって政権の意図を米国民に伝えていくのかを問われる立場だ。その説明責任から半ば逃げようとしているようにみえるトランプ政権のやり方は、近年のホワイトハウスにはなかったことだと私は感じる。

3月にスパイサーと記者たちが会見で激しく言い争っていたとき、ある米メディア記者は私に「スパイサーが戦闘的な態度をとるのは、トランプが会見の中継をよく見ているからなんだ。トランプはスパイサーが闘っていないと怒る。だからああいう会見になってしまうんだ」と明かしていた。

そのトランプは5月、コミー解任にからみ、ホワイトハウスによる「公式説明」を自身が次々と覆し、その整合性が問われていた際、ツイッターで、すべての会見をやめてしまえばいい、と発信したことがあった。いまホワイトハウスはカメラ入りの会見を減らし、説明責任に背を向け始めているように私は思う。それは米国民だけでなく、世界の人々にとっても不幸なのではないかと私は感じる。

オバマ政権との違い

メイソンが言ったように、記者団とホワイトハウスの関係は、オバマからトランプへ大統領が代わるなかで大きく変化した。

私が会見に参加していて感じるのは、トランプ政権になってからは、毎日の大統領報道官の会見の際のジョークが、ほとんどなくなってしまったことだ。大統領報道官のスパイサーは、ときどき冗談を言うが、記者たちはほとんど笑わない。スパイサーがまともに質問に答えないことが多いだけに、ジョークで一緒に笑う信頼関係が築けていない、といったふうで、会見場の空気はまさに殺伐としている。

オバマ政権時代の大統領報道官、ジョッシュ・アーネストは、よく冗談を言って記者たちを笑わせていた。ジョッシュは一度、私に明かしたことがある。

「緊張感を和らげるために、冗談はとても有効なんだ」

そしてジョッシュはこうも言っていた。「(毎日の報道官会見で)心がけているのは、会見室でのやりとりは、(勝ち負けを決める)ディベートではない、ということなんだ。私は、最も効果的で説得力のある形で、大統領が訴える方向性の利点について、人々に判断してもらえるようにしたいと思っているんです」

スパイサーの会見は、ジョッシュのやり方と比べると、正反対だといえる。会見場のやりとりは、激しいディベートのようになっていて、対立ばかりが目立ち、何がトランプのメッセージなのかは分からないのがいまの実態だろう。

記者と報道官が言い争っている会見は、見せ物としては面白いかもしれない。しかし、私は、対立ばかりが目立ち、大統領の考えが伝わらず、伝えようともしていないように見えるいまの毎日の定例会見は、米国民にとって不幸なのではないかと正直思う。

▼ニクソンを追い詰めた編集局のいま

ホワイトハウスから歩いて10分ほどの場所に、ワシントン・ポスト紙の真新しいオフィスビルがある。

その7階と8階には編集局（ニューズ・ルーム）があり、いま約700人の記者たちが働いている。私の旧友、ホワイトハウス担当のデイビッド・ナカムラ（David Nakamura）もその一人だ。2013年、アマゾンの創業者、ジェフ・ベゾス（Jeff Bezos）に買収された同紙は、その後大胆なデジタル化に成功した。最盛期には約900人だった記者の数は一時は約550人まで減らされたが、好調な業績を背景に、いまや記者数をどんどん増やしている状況だ。

デイビッドに案内してもらって編集局に入ると、中央部分にあるガラス張りの会議室の外には、過去のピューリッツァー賞のメダルが掲げられ、私は食い入るように見つめてしまった。

ワシントン・ポストの編集局内に飾られているピューリッツァー賞のメダル（著者撮影）

デイビッド・ナカムラ記者(著者撮影)

「1973年　公益部門」と書かれた金メダルは、ウォーターゲート事件を暴いた2人の記者、ボブ・ウッドワードとカール・バーンスタインに贈られたものである。

私は聞いた。「ウォーターゲート事件を暴いたこのワシントン・ポストの編集局で、いま、トランプ政権とそのロシア疑惑を取材する記者たちのムードはどんなものなんだろう？」

デイビッドはこう答えた。「ロシア疑惑だけにとどまらず、トランプ政権に本当に説明責任を求めようという使命感のような感覚がこのニューズ・ルームのなかにはあるね。私たちは、システマティックに、一つひとつのかけら(ピース)をつなげていっているんだ。それはウォーターゲート事件のときも同じだった。最初は、単なる侵入事件だったものが、ずっと大きなもみ消しへと発展していった。だからこそ問題は、『より大きな、そして深いつながりはあるだろうか』ということだし、それは、一夜にして分かるものではないんだ」

予断を持たず、一つひとつのピースをつなぎあわせていく——。ロシア疑惑追及をリードするワシントン・ポストの中枢部で、記者たちが、地道に取材していくという意識を共有していることを感じ、私はポストの底力を見た思いがした。

ピューリッツァー賞のメダルの上の壁に書かれていたウォーターゲート事件当時の編集局長、ベン・ブラッドリーの言葉は印象的だった。

「真実、それがどんなに悪い内容であったとしても、それは長い目で見れば、嘘ほど危険ではない（The truth, no matter how bad, is never as dangerous as a lie in the long run）」

フェイク・ニュース時代のいま、真実を追う記者たちの魂がそこに投影されているように私には思えた。

第5章 「ロシア疑惑」と「大統領弾劾」の行方

2017年6月，サンクトペテルブルクの国際経済フォーラムで討論に臨むロシア大統領のウラジーミル・プーチン

2017年3月30日，トランプはウェスト・ウィングで厳しい表情で立っていた(著者撮影)

1　暴露された機密文書

▼「ドシエー」と呼ばれる文書

２０１７年７月７日、ドイツのハンブルクで向き合ったのは、トランプとプーチンだった。トランプ政権発足後、初の米ロ首脳会談である。国務長官のティラーソンによると、トランプは、会談の冒頭、自らが勝利した２０１６年の大統領選にロシアが介入したことへの米国内の懸念を伝えたという。プーチンは、ロシアの関与を否定し、その点について双方は平行線のままだった。ただ、2人の会談は30分間だった当初予定を大幅にオーバーし、2時間15分に及ぶ異例の長さになった。ティラーソンは、両首脳は非常にウマがあった、と説明した。

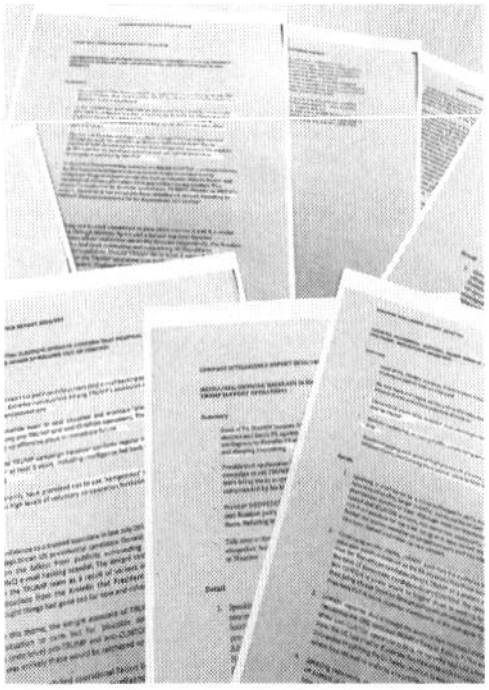

「ドシエー」

トランプは、大統領選を通じて、プーチンに対して好意的なコメントを続けてきた。にもかかわらず、トランプが初めての首脳会談の冒頭でこの問題に触れたのは、トランプ政権を覆うロシア疑惑の深刻さを示していると私は思う。

そもそも1月はじめ、まだ就任前だったトランプの出ばなをくじいたのは、元英情報機関員がまとめた35ページの資料だった。

この資料は、ワシントンで「ドシエー(dossier)」と呼ばれ、ロシア疑惑の発端になった文書だった。聞き慣れないこの「ドシエー」という言葉は、フランス語で「資料」を意味する。

文書は、1990年代にロシアに駐在したことがあり、ロシア人脈に強い52歳の英情報機関(MI6)の元メンバー、クリストファー・スティール(Christopher Steele)が作成したものだった。

1月の第1週、米情報機関は、就任前のトランプと、当時はまだ現職大統領だったオバマに、機密扱いのブリーフィングで、この35ページある文書を2ページに要約した内容を示した。

それは、トランプにとっては、きわめて不愉快な内容だったろうと私は思う。

文書には、ロシアの情報当局やクレムリンが、トランプがロシアを訪れた際の弱みを握って脅迫しようとしていることや、トランプ陣営がクレムリンと共謀してクリントンを攻撃しようとしていたことが詳しく書かれていたからだ。

ただ、スティールの文書の中身が正しいのかどうかは確認されていなかった。2ページの要約は真偽がはっきりしない「未確認の情報」として、ロシアによる米大統領選への介入を分析する機密報告書に添付されたものだった。

全文掲載

2ページの要約が、トランプとオバマに説明されたことを最初に報じたのはCNNキャスターのジェイク・タッパーだった。1月10日火曜日の夕方のことだ。

CNNは、2ページの文書は内容が確認されたものではなく、もとになったスティールの35ページの文書の中身が正しいのかどうかをFBIが捜査している、と説明。ただ同時に、スティールの過去の仕事は、情報機関の間では「信頼できる」とみられていることもあわせて報じた。

その日の夜、米オンラインメディアのＢｕｚｚＦｅｅｄ（バズフィード）が35ページのスティールの文書全文をネットに掲載し、騒ぎは一気に拡大する。

トランプはすぐにツイッターで反応した。「フェイク・ニュースだ。完全に政治的な魔女狩りだ！」

翌朝の11日午前には、トランプの大統領に当選してから初めての会見が設定されていた。

1章で触れたように、1月11日の記者会見でトランプは、ＣＮＮとバズフィードを「フェイク・ニュースだ」と呼ぶとともに、文書の中身を完全否定した。トランプと記者との応酬があれだけ荒れたのは、前日夜からのこうした経緯が背景になっていた。

「ドシエー」には何が……

私は、バズフィードがネット上で公開した35ページの文書を、すぐに読んだ。

その中身について、日本メディアでは、トランプがモスクワを訪問した際に、性的な行為をおこなったことなど本人の弱みが記載されている、といったセンセーショナルな部分に焦点をあてた報道が多かった。

しかし、全文を読んで私の印象に残ったのは、個人名が出てくる内容の詳細さや、ロシア内部でも米国の大統領選への介入をどこまでおこなうかについての内部対立がある、といった具体性の部分だった。

35ページの文書は、それぞれ2ページ程度の17のレポートで構成されている。レポートが書かれた時期は、２０１６年6月から10月までに集中しており、米大統領選のまっただ中で何がおこなわれていたのかが記されている。

文書の内容は米当局が捜査中で未確認の部分が多いだけに、具体的な中身を書くことは、私も控えたい。

ただ、すでに米メディアが広く報道していることに限れば、全体として書かれているのは、こんな内容が大まかな柱になっている。

・ロシアのクレムリンが、トランプ陣営と連携して、情報を交換している。ロシア大統領のウラジーミル・プーチン（Vladimir Putin）がかかわっている

・トランプ陣営の関係者が、さまざまな場所やルートを使って、ロシアの情報当局関係者たちと接触を図っている

・トランプ陣営の関係者は、ロシアの情報機関の関係者と会って、ロシアがサイバー攻撃で取得した米民主党全国委員会やクリントン陣営幹部のメールなどの情報の取り扱いを議論していた

・ロシア側は、クリントンにとって打撃になるこうした情報を保有していることをトランプ陣営側にちらつかせる一方、トランプ本人についても不利な情報を持っていることを示唆したこともあった

・ロシアは、自分たちがハッキングを通じて得た大統領選にダメージを与える情報について、リークする際には、ウィキリークスなど第三者を使い、自らの関与はもっともらしく否定できるように気を配っている

ロシア内部の混乱

全文を読み進めていて私が興味深く感じたのは、トランプ陣営とは関係のない、ロシア内部の意見対立の部分だ。

2016年の米大統領選の期間中は、一貫してクリントンの優位が伝えられていた。ロシアがばらまいたといわれる、クリントン陣営のメールの表面化後も、世論調査で見る限り、トランプは水をあけられたままだった。

大統領選終盤に書かれたスティールのレポートには、クリントンに十分なダメージを与えられなかったことへのロシア政府内の失望が細かく書かれている。また、介入したことでロシアのハッキングに対する批判を米国内で招いていることへのいらだちも随所に出てくる。「工作」がうまくいっていないことについて、ロシア政府内で責任追及する動きも出て、混乱していることもうかがえる内容だ。

ロシアのクレムリンの内部が、効果とそれに伴うリスクを考えながら、米国の選挙にどこまで介入するのか逡巡している様子が垣間見える「ドシエー」は、記者人生を通じてさまざまな組織を取材してきた私にとって、一定のリアルさを感じさせるものでもあった。

「ドシエー」はなぜ作られたのか

「ドシエー」はそもそもなぜ作られたのか。ニューヨーク・タイムズなどの米メディアの報道によると、経緯はこうだ。

もともと、これはワシントンの政治調査会社「フュージョンGPS」が、トランプを嫌う共和党支持者から、「反トランプ調査」として2015年9月に請け負った仕事だった。

フュージョンGPSは、米保守系経済紙ウォール・ストリート・ジャーナルの元記者、グレン・シンプソン(Glenn Simpson)が率いる政治調査会社だった。シンプソンは粘り強い取材で知られていた。

当時、トランプは共和党の大統領選の候補者指名争いに名乗りをあげていた。異端児とみられていたトランプの追い落としを狙う共和党支持者から資金提供を受け、フュージョンGPSは、トランプに不利な情報を集めるよう依頼されたのだった。対立候補の攻撃材料を集めるのは、ワシントンではよくあることだった。

米大統領選中の2016年6月，遊説するヒラリー・クリントン．クリントンは選挙戦を通じて，「メール問題」に悩まされた

2016年の春ごろには、共和党の大統領候補としてトランプが選ばれる見通しが濃厚になってくる。調査の依頼者である共和党関係者がお金を出し続ける意欲を失うなかで、代わって資金提供を始めたのは、大統領本選でトランプと争うことになる民主党のクリントンの支持者だった。

新たな資金提供者を得て、フュージョンGPSが「反トランプ調査」を継続。そんななかで、2016年6月、新たな事態が起きる。

クリントン側である民主党全国委員会のコンピューターが、ロシア政府からとみられるサイバー攻撃を受け、メールなどの情報が盗まれたのだ。そして、盗まれた情報を、第三者が公表し始めた。

ロシアという新たな要素が出てきたなかで、フュージョンGPSのシンプソンは、かつて一緒に仕事をしたことがあるロシアの専門家、元英情報機関員のクリストファー・スティールに調査への協力を依頼した。

クリストファーの人脈と知見を得て、ロシアとトランプ陣営についてのつながりを解明する調査は6月から10月にかけて本格化する。調査を進めるにつれ、事態の深刻さを認識したスティールらは、秋口から、調査レポートの内容を米ＦＢＩや英情報機関のＭＩ６、そして記者らに提供し始めた。11月、大方の予想を覆し、トランプはクリントンを破って次期米大統領に当選する。それまでお金を出してきた民主党関係者側にとっても「それ以上の資金提供は無駄」という状態になった。

それでも、スティールとシンプソンは調査を継続した。米国の大統領選が、ロシアによって介入を受け、背後でトランプ陣営がロシアと共謀しているのではないかという疑惑を、きわめて憂慮していたからだった。

「ドシエー」は米上院議員にも提供され、議員経由でＦＢＩに届けられたりもし、米政界やジャーナリストの間では話題になりつつあった。

米メディアの記者たちは、文書の内容を確認しようとしていたが、確認できないまま時間が過ぎていったという。

一方、35ページの「ドシエー」は米情報機関の目にとまるところとなり、２０１７年の年明けにかけて、情報機関幹部に広く回覧されるようになっていった。

▼情報機関トップが説明した重み

ＦＢＩがその中身の検証に入るなかで、２０１７年はじめ、ＣＩＡ長官のブレナン、ＦＢＩ長官のコミー、国家情報長官（ＤＮＩ）のクラッパー、国家安全保障局（ＮＳＡ）のロジャーズというオバマ政権の情報機関のトップ４人が、現大統領のオバマと、当事者である次期大統領のトランプに状況を説明する。その際、機密情報資料の一部として、「ドシエー」の２ページの要約を添付したのだった。

「ドシエー」の中身の真偽についてはまだ判断できない、というのが２０１７年１月時点の米情報機関の一致した見解だった。

ただ、私は、その未確認情報を、米情報機関を指揮する４人のトップが、現大統領と次期大統領に提供すること自体が、きわめて重いことだったといってよいと思う。

米国の国力を支える存在である、「情報機関（インテリジェンス・コミュニティー）」が大統領へと上げる日々の機密情報は、世界中にいる米情報機関員らが集めた機密の、本当の上積み部分だ。そこに、「ドシエー」の要約が含まれていたということは、未確認ながらも、米国の安全保障を守るために一刻も早く大統領に上げるべき情報だと、情報機関側が判断した重要なインテリジェンスだったのだと私は思う。

▼苛烈に反応したトランプ

「ドシエー」を要約した２ページの参考資料は、オバマ政権の終わりまで残り２週間しかなかった

2017年1月6日、オバマ政権の米情報機関トップたちから、次期大統領のトランプに伝えられた。トランプが11日に記者会見する前日の10日夕方、そのブリーフィングの事実はCNNにリークされ、バズフィードは「ドシエー」の35ページ全文をネットに掲載した。トランプは怒り心頭に発した。

11日の会見前、トランプはこうツイートした。

「情報機関たちが、このフェイク・ニュースを世間に『リーク』することは決して許されてはならない。これは私への最後の一撃か。我々は、ナチス・ドイツの時代に暮らしているのか?(Intelligence agencies should never have allowed this fake news to "leak" into the public. One last shot at me. Are we living in Nazi Germany?)」

くすぶりつづけていたオバマ政権とトランプ政権の暗闘は一気に表面化した。

▼ロシア・ゲートとは言わない

これまで書いてきた通り、ホワイトハウスを取材する私たち記者の間ではトランプ政権発足前の1月上旬から、ロシア疑惑はまさに中核のテーマだった。だからこそ、トランプはロシア疑惑についての記者の追及を嫌い、日に日にトランプ・ホワイトハウスと記者の対立は、深まった。

ちなみに、ウォーターゲート事件との比較で、日本では、トランプ陣営とロシアとのつながりについて「ロシア・ゲート」という言い方をするが、私が話すホワイトハウス担当の米国人記者のなかで、「ロシア・ゲート」と呼ぶ者はいない。

実際、私も3月、ホワイトハウス詰めの主要メディア記者と食事をとっていたとき、「ロシア・ゲート」と呼んでしまい、そのときに米国人記者から「えっ？ どういう意味？」と聞かれたことがあった。ニクソン政権の「ウォーターゲート事件」のイメージで、英語で「門」を意味する「ゲート」という単語に疑獄事件的な響きがあるものと勘違いして自分が使っていたことに、私はそのとき気づいた。

米国人記者にとっては、「ウォーターゲート」とは、事件の舞台になった民主党全国委員会の事務所があった「ウォーターゲート・ビルディング」という、ビルの固有名詞にしか聞こえないようだった。

ただ、疑惑の呼び方は、その本質を言い表すだけに、どう呼ばれているのかを観察するのは大事だと私は思う。米国で、トランプ政権とロシアとの関連が報じられるときには、「ロシア・コネクション（Russia Connection）」「ロシアとの共謀（Collusion with Russia）」「ロシアによる介入・邪魔（Russia's Meddling）」といわれることが多い。「ロシアの捜査、調査（the Russia Investigation, the Russia Probe）」ともいわれる。特に、ロシアとの共謀を意味する「コリュージョン」や、ロシアによる介入や邪魔を意味する「メドリング」が、ロシア疑惑を報じる多くのケースで使われる言葉だ。

米政権や米メディアにとって、今回の疑惑は、トランプ陣営が仮想敵であるロシアと「共謀していた」のではないかという話であり、ロシアが米国の民主主義の根幹である大統領選に「介入し、邪魔をしていた」のではないかと懸念されている事態だ。彼らがこの問題を、米国の根っこを揺さぶる疑惑だととらえ、きわめて深刻に受け止めていることは、「共謀」や「介入」といった強い表現からうかがい知ることができる。

▼迫るメディア

トランプ陣営とロシアの間には全く接触もつながりもない——。トランプがそう強弁していたなかで、政権の説明を覆す事実を明らかにしたのは、ワシントン・ポスト紙だった。

2月9日夜、同紙は、「トランプの最側近である国家安全保障アドバイザーのマイケル・フリンが、12月に駐米ロシア大使のキスリャクと電話で話したときに、米国の対ロシア制裁について話していた」と報じた。フリンとロシア大使の会話は、オバマ政権時代の12月に米情報機関に盗聴されており、ワシントン・ポストの記事は、現職と元職の複数の政府高官から得たものだった。

フリンとキスリャクが電話で話したことは知られていたが、フリンは、米国の対ロシア制裁については話していないと、それまでは語っていた。

フリンの説明をもとに、トランプに次ぐ政権ナンバー2の副大統領のペンスはCBSとのインタビューで、「フリンは、ロシア制裁に関連する話は一切していない」とメディアに説明していた。

フリンがうそをついており、副大統領にまで虚偽の説明をさせていたことは、ホワイトハウスにとって大きな打撃となる。

フリンは、その4日後の13日、辞任に追い込まれた。

▼オバマの懸念

米大統領に国家安全保障政策を指南する国家安全保障アドバイザーが、就任後3週間あまりで更迭されるのは、前代未聞だった。

傍受記録は、オバマ政権時代に得られたものであり、フリンの辞任の背後には明らかに前政権の影があった。

私も、トランプ政権のこの最初の大きなつまずきに衝撃を受けたが、同時に驚いたのはワシントン・ポストの報道から4日で辞任させるという、大統領のスピード決断だった。

当時、私は「政権への打撃を最小限に食い止めるために、トランプはあえて早期更迭に踏み切ったのだろうが、それにしても国家安全保障アドバイザーという最側近を、メディア報道の4日後にやめさせるのはずいぶんと早い決断だ」と思ったが、その3カ月後に、新たな事実が明らかになる。

実は、オバマが、大統領選に勝利したばかりのトランプと前年の11月にホワイトハウスで会った際、新政権で国家安全保障アドバイザー就任が有力視されていたフリンについての懸念を伝えていたのだ。

フリンはロシアとの関係が深いことに、オバマは懸念を持っていた。オバマは大統領執務室での会談で、トランプにそうした考えを伝えたという。しかし、トランプは結局聞き入れず、フリンを国家安全保障アドバイザーに任命する。

そして、トランプ政権が発足した直後の2017年1月24日、フリンは実はFBIから事情を聞かれてもいた。さらにその2日後の26日には、米司法省副長官のサリー・イエイツ(Sally Yates)が、ホワイトハウスに直接出向き、「国家安全保障アドバイザーのフリンは、ロシアから脅迫されかねない」とホワイトハウス側に対応を求めたという。

しかし、それでもトランプのホワイトハウスは動かなかった。逆に、イエイツは30日、トランプの入国禁止令の執行に協力しなかったとして、司法省副長官を解任される。

2月9日、ワシントン・ポストに、フリンとロシア大使の会話の内容を報じられて万事休すになったあとでトランプがようやく重い腰を上げ、フリンを更迭したのが実態だった。

そして、米メディアは一歩ずつロシア疑惑を検証していった。

▼確認され始めた中身

次の「矢」を放ったのはCNNだった。

CNNは2月10日、ロシア疑惑の発端になったドシエーの中身の一部の正しさが、米情報機関によって初めて確認された、と報じる。

トランプ陣営とロシアとの深い関与を示した、元英情報機関員がつくったドシエーは、それまでは米政府幹部には回覧されていたものの、米当局が中身の真偽の確認を続けている段階だった。

CNNは米政府高官の話として、ドシエーのなかに書かれている、「外国人同士の会話があったこと」や、「会話の時期」、そして「その話し合いがおこなわれた場所」が、正確だったことが確認された、と報じた。

つまり、米情報機関が、おそらくはロシアの情報機関やその関係者同士が米大統領選にどう介入するかを話し合っている電話などを傍受していて、それがドシエーの内容と一致していることを確認した、ということを示唆していた。

トランプ陣営がかかわったものではなかったが、外国人同士のやりとりであっても、ドシエーの中身が確認されたことは、疑惑追及に向けた大きな一歩だと私は感じた。

CNNは、「ドシエーを要約した2枚の紙がトランプやオバマに説明されていた」と1月10日に他メディアに先んじて報じたことで、トランプから「フェイク・ニュース」だと激しい攻撃を受けていた。トランプ政権からの批判の一端は、真偽がまだ確認されていない文書についてCNNが報じた、という部分に向けられていた。

ドシエーを巡る特ダネで、トランプの1月11日の会見で「フェイク・ニュース」呼ばわりされ、質問もさせてもらえなかったCNN。CNNはトランプ支持者から批判を浴び、自らの報道の正しさを説明する声明を出さざるを得なかった。

そのCNNが「ドシエーの中身が確認されつつある」と再び特ダネで報道したことに、私は、彼らの意地をみた気がした。

一枚一枚、皮をはぐように

ただ、CNNの報道は、ドシエーの根幹部分である、「トランプ陣営の関係者とロシア情報機関関係者がやりとりをしていた」というところまでは届いていなかった。「外国人同士の会話」、つまりロシア関係者同士のやりとりが確認された、というところまでしか達していなかったからだ。

その部分を埋めたのは、ニューヨーク・タイムズ紙だった。

ニューヨーク・タイムズは2月14日、4人の現職と元職の米政府高官の話として、「トランプ陣営関係者とロシアの情報機関関係者との間で、電話によるやりとりが繰り返されていた」と特ダネで報じる。

米情報機関による電話の傍受などで分かったもので、報道は「米情報機関は、クリントン側へのハッキングや大統領選への介入で、トランプ陣営とロシア側が共謀しているのかどうかを調べている」と最新状況を説明していた。

2月9日のワシントン・ポスト、2月10日のCNN、2月14日のニューヨーク・タイムズ――。それぞれが放った特ダネは、ロシア疑惑を完全否定してきたトランプの説明を、一枚、また一枚と皮を少しずつはぐようにして、真実に迫るものだった。

しかし、それから4カ月半後の6月26日、CNNは大きな批判にさらされる。ロシア疑惑で、「トランプに近いヘッジ・ファンド・マネジャーが上院の調査を受けている」と報じた記事に問題があり、撤回に追い込まれたのだ。記事にかかわった3人のジャーナリストは辞任。トランプはすぐさま、「ほかのすべてのうそ記事はどうなってるんだ。フェイク・ニュース！」と批判のツイートを発し、CNNだけでなく、ニューヨーク・タイムズや、ワシントン・ポストに対しても「みんなフェイク・ニュースだ」と矛先を向けた。トランプは7月2日には、CNNのロゴが頭になっている人物をプロレスで床にたたきつけ、繰り返し殴る加工映像をツイートし、攻撃をエスカレートさせる。ロシア疑惑を巡る政権と記者との対立は、これまでにない険悪さを帯びてきていると私は感じる。

2　動き出したＦＢＩと米議会、焦点の７人

「なぜロシアは介入できたのか」

ときおり小雨がちらつき、少し肌寒い3月30日朝。私は、首都ワシントンのキャピトル・ヒルにある米上院のダークセン・ビルディングにいた。

この日、米上院の情報委員会(Senate Intelligence Committee)は、ロシア疑惑の調査で公聴会を開いていた。

2017年3月30日，米議会の上院情報委員会で，ロシア疑惑についての公聴会が開かれた(著者撮影)

共和党の上院議員ジェームズ・ランクフォード(James Lankford)が、証人のテロリズム対策の専門家たちに向かって聞いた。

「ロシアにとって、この(選挙に介入する)やり口は欧州でもずっとやってきたことで新たな手法ではない。でもなぜ、今回、ロシアはずっと深く我々の選挙に関与してきたのか。なぜなのか」

ランクフォードの問いかけには、ロシアはなぜ今回、大統領選への介入に成功したのか、というニュアンスがこもっているように私は感じた。

証人の一人であるＦＢＩの元特別捜査官、クリント・ワッツ(Clint Watts)は答えた。

上院情報委員会の公聴会で証言する，FBI 元特別捜査官のクリント・ワッツ（著者撮影）

「答えは非常に簡単です。この部屋にいるだれもが進んで言おうとはしないでしょうが（I think this answer is very simple and is what no one is really saying in this room）」と前置きしたあとで、ワッツは言った。

「米国の最高司令官（トランプ大統領）が、自分の対立候補を攻撃するために、ロシアが使うやり方をとっていたからです（because the commander in chief has used Russian active measures at times against his opponents）」

▼「トランプがロシアと同じ戦略をとった」

ワッツは、トランプ本人やトランプ陣営の幹部たちが対立候補を攻撃するため、ロシアが火元だったフェイク・ニュースを広めたからこそ、ロシアの大統領選への介入は成功したのだ、と語った。

本質をとらえたワッツの答えに、上院議員たちが静まりかえるのを私は目にした。

この日、ワッツら専門家たちが説明したロシアの戦略は、上院議員たちを驚かせるものだった。

ロシアが仕掛ける情報戦争を実行するネット上の工作員は世界に少なくとも1万5000人はいて、フェイク・ニュースや陰謀論を広めている。もともとはロシアの国営メディアが発信源になっており、選挙を左右する米国の重要な州などを集中して攻撃。民主党の議員だけでなく、共和党の議員も攻撃対象であり、ロシアがいままでにハッカー攻撃で手に入れた情報のうち、ウィキリークスなどを通じて公開されたのはまだ1％にすぎない——。

そして、大統領のトランプがネットにアクセスしているときに、ロシアのハッカーたちはトランプのアカウントに向かっていまも大量のフェイク・ニュースを送りつけ、クリックされるのを待っている――。

ワッツは、トランプ陣営とロシアの「共謀」を巡る米国での捜査にからみ、ロシア側で関係者が何人も殺害されている、とも指摘した。

「死んだロシア人のあとをたどるべきだ。過去3カ月で、この(ロシア疑惑の)捜査に関連するロシア人の死者が増えている」

公聴会が進むにつれ、上院議員たちの表情が曇っていくのを、私は感じた。

ロシアによる介入は過去のものではなく、いま現在進行形で起こっており、米国の選挙は今後もロシアに振り回されるおそれがある――。トランプを攻撃する民主党と、擁護する側の共和党では、上院議員たちの立場は大きく異なる。しかし、ロシアによる情報戦争が米国にもたらす帰結の深刻さに、議員たちは党派を超えて、気づいたようにみえた。

▼トランプ陣営への捜査を公表したFBI

ロシア疑惑を巡って、米国を揺るがしたのは、FBI長官のコミーが3月20日、米下院情報委員会で証言した内容である。

「FBIは、ロシア政府による2016年の大統領選挙への介入について捜査しています。そのなかには、トランプ陣営とロシア政府のつながりがあったのかどうかや、陣営とロシア側に連携があったのかどうかも含まれます」

　捜査しているのかどうかは機密事項であり、それをＦＢＩが明かすのは異例のことだ。しかし、世間の注目が非常に高まっている異常な状況であることを考えて、司法省の許可を得て、捜査の事実を明かしたのだとコミーは説明した。捜査は、大統領選期間中の２０１６年7月から始まったものだった。

　コミーは捜査の具体的な中身については「コメントしない」と繰り返し、それ以上の内容は明かされなかった。ただ、現職大統領であるトランプの選挙中の選対本部と、ロシアとのつながりをＦＢＩが捜査していることを認めただけで、十分に大きな衝撃だった。

　コミーが、トランプから解任されるのはそれから1カ月半後の5月9日のことだ。

　トランプは部下に忠誠を求める統治スタイルで知られる。ＦＢＩが、自らがトップだったトランプ陣営の捜査を続けており、その事実をコミーが公聴会で明かし、その後も議会で証言したことにトランプが腹を立てていたことは、米メディアの報道でも明らかだった。

「コミー解任」という大嵐が吹き荒れたあとの5月23日には、前ＣＩＡ長官のジョン・ブレナンが下院の公聴会に出席した。

　ブレナンは、トランプ陣営の関係者と、ロシア政府関係者の間に「接触があった」と証言。トランプが1月に全否定していた双方の「接触」を、オバマ政権下で1月までＣＩＡ長官だった人物が認めたことは、トランプ政権にはさらなる痛手になった。

オバマとトランプの暗闘

5月23日のブレナンの証言から浮かび上がってきたのは、オバマ政権が、トランプ陣営とロシアの間の「共謀」のおそれに、神経をとがらせていた実態だった。

ブレナンは、トランプ陣営とロシアの間の「接触」の存在を証言したうえで、こう語った。

「(FBIによる)さらなる捜査が必要になる、十分な機密情報があった(there was a sufficient basis of information and intelligence that required further investigation)」

政権交代の直前のオバマ政権の危機感は、3月1日のニューヨーク・タイムズの特ダネ記事に詳しい。記事によれば、オバマ政権が、ロシアによる米大統領選への介入の深刻さに気づいたのは、トランプが勝利した11月8日の選挙のあとだった。その介入の規模や深さに関する機密情報が選挙後になって入ってきたことで、オバマは12月、全面的なチェックを命ずる。

実態の深刻さが急速に明らかになってくるなかで、オバマ政権幹部らは、関連する機密情報を政権内に広げていったという。目的は二つだった。一つは、「ロシアによる選挙への介入が二度と起こらないようにするため」、もう一つは「疑惑を捜査する者たちがたどれる、機密情報のはっきりとした痕跡を残すため」だった。

つまり、オバマ政権は、トランプ政権がロシア疑惑の捜査を打ち切ることができないよう、種をさまざまな場所にばらまいていたのだと私は思う。

「オバマが盗聴」の衝撃

こうしたオバマ政権の動きが明らかになってくるなかで、トランプが3月4日にツイートした内容が米政界に衝撃となって伝わる。

「ひどい話だ！　オバマが、私の大統領選の勝利の前に、トランプタワーを『盗聴』していたことが分かった（Terrible! Just found out that Obama had my "wires tapped" in Trump Tower just before the victory）」

さらにトランプはこうツイートした。

「とても神聖な選挙プロセスのなかで、私の電話を盗聴するとは、オバマ大統領は、どこまで下品なのか。これはニクソンのウォーターゲートだ。悪い（あるいは、病気の）やつだ！（How low has President Obama gone to tapp my phones during the very sacred election process. This is Nixon/Watergate. Bad (or sick) guy!)」

大統領が、前大統領の盗聴を主張することは、まさに前代未聞で、オバマ前政権の幹部たちからは否定コメントが相次いだ。

トランプは過激なツイートで知られるとはいえ、やりすぎだとの批判が強まっていく。

そして3月20日、トランプ陣営とロシア政府との関連を捜査していることを明らかにしたＦＢＩのコミーは、同じ公聴会の席で、オバマによるトランプタワーの盗聴の可能性について聞かれて、「その証拠は全くない」と全面否定した。

追い詰められたのはトランプのほうだった。「トランプ大統領はオバマ前大統領に謝罪すべきだ」

という声が共和党議員からも上がり始める。

▼「助け舟」が転じて……

助け舟を出したのは、ロシア疑惑を調査する米下院・情報委員会委員長の共和党議員、ニュニアスだった。

ニュニアスは3月22日に会見を開き、「米情報機関は、外国人の盗聴をしており、その外国人がトランプ陣営の人間と話していたところをたまたま傍受されたことがあった」と説明した。

ニュニアスはその情報をだれから入手したのかは明かさなかったが、1週間後に、ニューヨーク・タイムズが「ホワイトハウスの国家安全保障会議（NSC）から提供されたものだった」と暴露したのは前述の通りだ。この報道で下院委員長のニュニアスが、21日夜に夜陰にまぎれて1人でホワイトハウスに出向いて、NSCから情報を得ていたという情報のやりとりに至る詳細も明らかになった。

ロシア疑惑を調査する米上院情報委員会のリチャード・バー委員長（共和党）．上院の調査はロシア疑惑の行方を左右しそうだ

ニュニアスは、トランプ陣営の疑惑を調査する側の下院の委員長であるにもかかわらず、トランプの擁護に動いていたことが明らかになり、委員長としての中立性を厳しく問われることになる。

ニュニアスは、結局、「ロシア疑惑の調査からは身を引く」と表明せざるを得なくなった。

▼進む「捜査」と「調査」

ロシア疑惑を巡って、米国ではいま三つのルートで、捜査と調査が進んでいる。

第1は、FBIによる捜査だ。FBIは、CIAなどのインテリジェンス・コミュニティー(米情報機関)から監視対象の外国人の電話を傍受した記録などの提供も受けながら、捜査を進めている。5月9日に、FBI長官のコミーがトランプから解任され、大混乱に陥ったが、その後、コミーの盟友でもあるムラーがロシア疑惑の特別検察官に任命されたことで、ムラーが率いる形で米政府の捜査が進んでいる。

第2には米下院による調査である。下院の情報委員会が中心だが、トランプ政権を擁護する姿勢が強い共和党議員たちと、疑惑の追及を求める民主党議員の間の対立が大きい。中立性を疑われる行為で、ロシア疑惑では「身を引く」と表明していた下院情報委員会委員長のニュニアスは、5月末から6月はじめにかけて、委員長として一定の権限は行使し続ける考えを示し、証人への召喚状を自らの権限で発するなど下院の情報委員会では混乱と対立が続いている。下院では、別の委員会による調査も続いている。

第3は、米上院による調査だ。上院の情報委員会は、共和党と民主党側が超党派で疑惑の解明を進めようという意識が強く、実質的な調査は下院以上に進展する可能性がありそうだ。

3月30日の米上院の情報委員会。緊迫した雰囲気がただよう静かな公聴会で、冒頭の、委員長の共和党議員、リチャード・バー(Richard Burr)の発言が私は印象に残った。

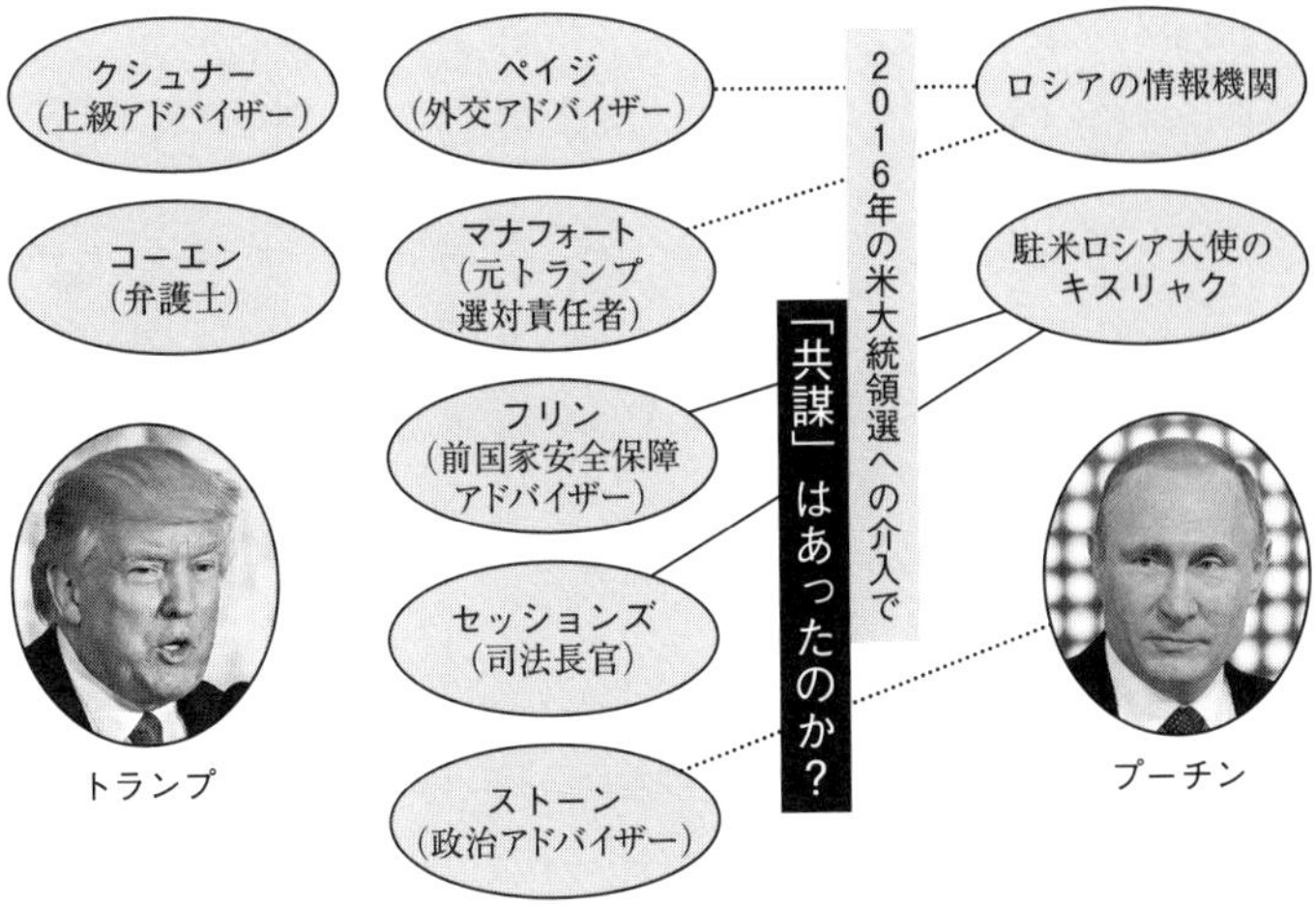

ロシア疑惑

「（民主党議員である）副委員長と私は、もし我々がこの調査プロセスを政治化すれば、我々の努力は失敗する可能性が高くなることが、よく分かっている。米国民は、我々の選挙にどうロシアがかかわったのかを、真実を知る権利がある」

米上院は、疑惑解明に向けて動き出していた。

▼焦点の7人

ロシア疑惑でいまＦＢＩや米議会による調査の対象であり、カギを握る人物は7人いる。

第1は、3週間で国家安全保障アドバイザーを解任された、マイケル・フリンである。

フリンは、オバマ政権で、米情報機関の一つである国防情報局（ＤＩＡ）の局長だったが、その統治手法が疑問視され、オバマに解任された。ロシアとのつながりが深く、２０１５年にモスクワを訪れた際には、ロシアの政府系テレビから講演料を得ていた。２０１６年の大統領選を通じて、トランプの安全保障アドバイザーを務めた最側近だった。

トランプ政権発足前の2016年12月末、駐米ロシア大使のキスリャクと電話でやりとりし、対ロシア制裁について話し合っていたにもかかわらず、その事実を隠していたことが発覚し、国家安全保障アドバイザーからの辞任に追い込まれた。

フリンが、ロシアとの接触を通じて何をしようとしたのか、そしてフリンの行動についてトランプが許可を与えたのかどうかが今後の焦点になる。

司法長官のジェフ・セッションズ
2017年3月(著者撮影)

第2は、米司法長官のジェフ・セッションズ(Jeff Sessions)だ。共和党の上院議員だったセッションズは、大統領選でトランプが共和党候補の指名争いをしていたときに、トランプをいち早く支持した。トランプと個人的に関係が深い。トランプから司法長官に指名されたセッションズは、その承認のための上院公聴会で、ロシアの政府関係者とは「会ったことがない」と説明していたにもかかわらず、2016年の7月と9月に駐米ロシア大使のキスリャクと面会していたことが発覚。セッションズは、司法長官としてロシア疑惑の捜査を統括する立場にあったが、公聴会での「うそ」の証言で、「ロシア疑惑の捜査にはかかわらない」と表明せざるを得なくなった。

第3は、トランプ陣営の選対責任者を務めていたポール・マナフォート(Paul Manafort)だ。2016年8月に不自然な辞め方で、トランプ陣営を去った。もともとトランプとの関係が深く、ウクライナの親ロシア派の前大統領、ヤヌコビッチとのつながりも深いと報じられている。疑惑の発端になっている、元英情報機関員による「ドシエー」にも、その役割が指摘されている。

第４は、カーター・ペイジ(Carter Page)という人物だ。トランプの外交アドバイザーで、米金融機関に勤務していた時代に、モスクワに駐在した経験があるといわれている。「ドシエー」には、トランプ陣営でロシアとの交渉役を担った一人としての動きが説明されている。ペイジ本人は全否定しているが、米捜査当局は関心を寄せているといわれる。

第５は、トランプの弁護士であるマイケル・コーエン(Michael Cohen)。コーエンは、トランプの個人弁護士を長年務め、トランプを擁護する姿勢の激しさで知られている人物だ。「ドシエー」では、プラハで、コーエンがロシア政府側と面会したと書かれていたが、コーエンは「プラハになど、人生で一度も行ったことがない」と全否定。トランプが、「ドシエー」について「でっちあげだ」と非難する根拠になった。ただ、米メディアのなかには、コーエンはその時期にイタリアに旅行に行っており、米当局はその前後の行動を検証している、という報道もある。米議会は、コーエンを調査対象にする意向も示している。

第６は、ロジャー・ストーン(Roger Stone)というトランプの政治アドバイザーだ。トランプとのつきあいが長く、ストーンは２０１６年の大統領選中に、ウィキリークスなどのサイトから、クリントン陣営に打撃を与える資料が放出されることを何度も予告していた。ロシア側のハッカーとのつながりが指摘されており、議会は、ストーンについても調査を検討しているといわれている。

浮上したトランプの最側近

そして最後に、2017年5月末から急浮上しているのが、トランプが最も信頼を寄せる娘婿のジャレッド・クシュナーだ。

クシュナーは2016年12月、駐米ロシア大使のキスリャクとトランプタワーで会っていた。キスリャクが、クシュナーとの面会後に本国に連絡をとり、「クシュナーが、ロシア政府の施設から、クレムリンと秘密裏に連絡をとるチャンネルを欲しがっている」と伝えていたことを、米情報当局が傍受し、その事実をワシントン・ポストが5月末に特ダネで報じた。

秘密チャンネルを構築することは、2国間交渉ではよくあることだが、私が非常に不自然に感じたのは、クシュナーが「ロシア政府の施設から」クレムリンに連絡をとるルートを求めていた、と報じられている部分だった。なぜなら、その報道が事実なら、クシュナーは、米情報機関に傍受されないチャンネルでクレムリンとやりとりしようとしていた、ということになるからだ。

大統領であるトランプに最も近いクシュナーが、ロシアの政府施設のようなところに入り込み、米情報機関の傍受の網をかいくぐる形でクレムリンと連絡をとろうとすることは、普通はあり得ない。どうしても米政府に隠したいことがあるのではないか——。そう思わざるを得ない奇妙な行動で、私は、今後議会の調査などで問題になる可能性があるのではないか、と感じずにはいられなかった。

3　「大統領弾劾」の行方と米国の分断

▼数カ月から数年

ロシア疑惑の捜査や調査には、どの程度かかるのか。

米国内で専門家たちが指摘している期間には幅がある。「数カ月から数年」と言われるケースが多く、幅が広い。

これは、ＦＢＩを中心とした地道な捜査に時間がかかることに加え、米議会の調査がどう展開するのか、また米議会の各議員が地元の有権者たちの意向を踏まえてどう行動を変えるのか、といった変数が多く、それらがどう作用し合いながら進んでいくのかを予想するのが難しいためだ。

ただ、２０１８年までロシア疑惑の捜査や議会の調査がずれ込んでいくことは十分に予想できる。その場合は18年の米中間選挙をにらんだ攻防になると私は思う。

トランプの大統領弾劾が米国内で明確に意識されるようになったのは、２０１７年5月のことだ。

トランプは5月9日、ＦＢＩ長官のコミーを解任。そして、トランプは2日後の米ＮＢＣのインタビューで解任の際にロシア疑惑について考えた、と明かし、ここで大統領による司法妨害のおそれが強まった。トランプは翌12日、ツイッターで、解任したコミーに対し、「我々の会話の録音テープは存在しないと期待しておいたほうがいいよ」と秘密の録音テープの存在を示唆し、コミーを半ば脅すような姿勢をみせる。

そして、5月16日にニューヨーク・タイムズが、「コミーが2月にトランプに面会した際に、トランプは、ロシアとのつながりが理由で辞任に追い込まれたばかりの前国家安全保障アドバイザーのフリンについて、『この件を放免してくれるよう、私は望む（I hope you can let this go）』とコミーに語り、コミーはそのメモを残している」と報じたことが、大統領弾劾の可能性を大きく高めた。

▼大統領弾劾の仕組み

大統領弾劾は米国憲法の第1条のなかで定められたプロセスだ。トランプを含め45人いる米国の大統領のうち、これまで弾劾手続きに直面したのは、約230年の米国の歴史上で3人しかいない。

第17代大統領だったアンドリュー・ジョンソン、37代大統領のリチャード・ニクソン、42代大統領のビル・クリントンだ。

大統領の弾劾（impeachment）は2段階のプロセスだ。大統領が、「反逆、贈収賄、またはその他の重い犯罪や、非行」をおこなった際に、米下院本会議がまず過半数の票で弾劾訴追を決定する。

弾劾訴追が決まれば、舞台は米上院に移る。米上院は、米最高裁長官が議長役を務めて、弾劾裁判をおこない、下院が議決した弾劾訴追項目を審議し、それぞれの訴追項目について、「有罪」か「無罪」かの採決をおこなう。上院の3分の2以上が有罪に賛成すれば、大統領は罷免される。

ジョンソンの場合は1868年、陸軍大臣の人事を巡る議会との対立が原因で、弾劾訴追されたが、結局上院で「無罪」になった。

ニクソンは１９７４年、米下院本会議に弾劾訴追案を上程するために、下院司法委員会が弾劾訴追案を可決したところで、自ら辞任した。

クリントンは１９９８年12月に、米下院本会議が弾劾訴追を決定。翌99年に始まった上院での弾劾裁判で、「無罪」になり、罷免を免れた。

つまり、米大統領で過去に、弾劾裁判で有罪となり、大統領を罷免されたケースはこれまでにない。

ニクソン、クリントンも「司法妨害罪」の疑い

ここで焦点になるのは、トランプが弾劾の対象になる罪を犯したおそれがあるかどうかだ。

トランプは現時点で、ロシア疑惑の捜査を妨げる「司法妨害罪（cbstruction of justice）」の疑いがあるとの見方が多く、これは弾劾の対象になりうるという意見が専門家の間にはある。

なぜなら、ニクソンもクリントンも、「司法妨害罪」の疑いから、弾劾の手続きが進んでいったからだ。

「ＦＢＩに、捜査をやめるように要請するのは、司法妨害罪だ。司法妨害罪は、弾劾されうる罪だ」

民主党の米下院議員、テッド・ドイチェ（Ted Deutch）は、トランプがＦＢＩ長官に前国家安全保障アドバイザーのフリンを放免するように求めていたという報道が出た際に、こうツイートした。

ドイチェの指摘は、ニクソンとクリントンの例をふまえたものだ。

民主党の上院議員、クリス・マーフィー（Chris Murphy）も、同様にツイッターに、「いま上院の議

場を出てきたところだが、民主党議員も共和党議員も、『司法妨害罪』の正確な定義は何か、という話題で持ちきりだった」と書き込んだ。

ただ、「大統領の弾劾」を、下院、上院、の二段階で審議し、決定をくだすのはあくまで米議会だ。つまり、そのときの議会の構成によって、弾劾の行方は左右される。

いま米上院、下院の両院で過半数を占めているのは、トランプを支える共和党だ。民主党の大統領だったクリントンの弾劾手続きを進めた際の米議会は、対立する共和党が上下両院をおさえていた。

今回、トランプの弾劾手続きが進むかどうかは、米上下院をおさえる共和党議員たちの動向によるところが大きいといえる。2017年4月時点の米議会の構成は、下院（定数435、欠員4）では、共和党238議席、民主党193議席。上院（定数100）は、共和党52議席、民主党46議席、独立系2議席（ただし独立系はいずれも民主党と連携）、となっている。

下院で弾劾訴追案を可決するには、238人の共和党議員のうち二十数人が賛成にまわる必要がある。また上院が弾劾裁判で「有罪」という判断を下すには、52人の共和党議員のうち19人が、有罪側に票を投じる必要がある。

▼選挙が左右する

ただ、共和党が上下院を制しているからといって、トランプの弾劾手続きが進まないかというと、そうとも言えないと私は思う。

ニクソンのウォーターゲート事件の際は、ニクソンが辞任した1974年に中間選挙があり、ニクソンの弾劾に下院司法委員会で反対した下院議員たちはその選挙で落選。民主党が大躍進する結果になった。

２０１８年11月の中間選挙では、下院議員（任期2年）は全員、上院議員（任期６年）は3分の1が、改選される。議員たちは世論の動向をみながら、態度を変えるだけに、やはり、ＦＢＩなどの捜査や、米議会の調査で、今後どのような事実が明らかになってくるかが、大きく影響しそうだ。

米議会のロシア疑惑の調査では、共和党側はロシア疑惑本体というよりは「ロシア疑惑にからむリーク が米政府や米情報機関から次々と出ていること」を問題視する傾向が強い、と私は感じる。一方で、民主党側はロシア疑惑そのものを追及する、という構図だ。

ただ、5月23日、ＣＩＡの前長官のブレナンが出た下院情報委員会の公聴会でのやりとりに私は少し変化を感じとった。この日、ブレナンは、ロシア側とトランプ陣営関係者の間の「接触」や「やりとり」を在任中に目にした、と証言していた。

与党・共和党の下院議員トレイ・ゴウディ（Trey Gowdy）は、ブレナンに聞いた。

「あなたは『接触』を目にした、と言っているが、それは、どういう性質のものなのか？『接触』という以上のものなのか？」

「私は『やりとり』を目にして、この『やりとり』の性質はいったい何だろう、という疑問が心に芽生えたということです。でも私には、十分な証拠がないから、そのやりとりが、どんな性質のものかは結論づけられないのです」

ブレナンは、ＣＩＡはロシア関係者とトランプ陣営関係者の「やりとり」は傍受したが、その意図や性質について捜査を通じて結論づけるのはＦＢＩだ、ということを示唆していた。

共和党議員のゴウディが聞いたのは、「接触」の中身であり、ロシア疑惑の本質部分でもある。「だれがメディアにリークしたのか」という共和党議員たちの典型的な質問を超えて、ゴウディが、疑惑の中身に迫る質問をしたことに、私は米議会の調査が少し変化し始めたのを感じた。

「トランプによるＦＢＩ長官、コミーの解雇」「トランプが2月、コミーにロシア疑惑の捜査の一部をやめるよう示唆していたとの報道」など5月上旬から中旬にかけての、事態の大きな変化を受けて、米共和党議員の空気が変わる兆しも見え始めている。

カギを握る世論

そうしたなかで、私は、最終的にカギを握るのは、「米世論がどう動くのか」であり、「メディアがどう報道するのか」という部分に戻ってくるように思う。

トランプ政権についての米国内の支持率は、40％前後という歴代の大統領と比べるときわめて低い状態が続いている。

日本のメディアでも、歴代の米政権のなかで最低水準だ、という指摘がよく聞かれる。しかし、私は、トランプの支持率がどんな失態やスキャンダルがあっても、38～39％程度から下にはなかなか下がらないことをむしろ興味深いと感じる。

米国で取材していると、「何があっても、トランプだったらいい」という米国人たちが岩盤のように大量に存在していることにいつも気づかされるからだ。

一種、トランプに対する「信仰」のような支持だ。

4月末、「トランプ政権発足100日」の週、米国にいた私が特に驚いたのは、ワシントン・ポストとABCによる共同世論調査の数字だった。

トランプは、政権100日を前にした大統領としては、戦後最低の支持率に苦しんでいたが、トランプに2016年11月に投票した人のうち、実に「96%」がトランプに再び投票する、と答えた、というのだ。

だとすれば、トランプはほんの少しの浮動票を上乗せするだけで、大統領選に再び勝利できることになる。

「96%」という数字を耳にしたとき、私は、トランプの選挙参謀であり、ホワイトハウスの首席戦略官のスティーブ・バノンが選挙直後に米メディアに語った言葉を思い出した。

「白人の6割の支持と、黒人とヒスパニックの4割の支持で、今後50年は統治できる」

バノンの言葉は、あながち誇張ではない、と感じずにはいられなかった。

FOXニュースという存在

こうしたトランプの底堅い支持はなぜ続いているのか。

もちろん、ツイッター、フェイスブックといったソーシャルメディアのおかげで、自分たちが好きなニュースだけを自分たちの仲間うちで見る傾向が強まっていることが背景にあるのは間違いないだろう。

ただ、私は、米国の白人労働者層や、トランプ支持者たちに最も大きな影響を与えてきたのは、米FOXニュースなのではないかと感じる。

こうした有権者たちの話している内容は、米FOXニュースが伝えている内容に似通っていると思うことがきわめて多いからだ。

FOXニュースは米ケーブルテレビのニュース専門チャンネルで、メディア王ルパート・マードックが率いるグループの傘下にある。1996年に放送を開始した新興メディアだが、2001年の米同時多発テロ以降の愛国的な報道姿勢で一気に視聴者を伸ばし、CNNを抜いて、ケーブルテレビのニュースチャンネルで首位に躍り出た。

米調査会社のレポートでは、2016年の大統領選で、有権者がニュースを得た先として、FOXは19%とトップ。2位のCNN(13%)、3位のフェイスブック(8%)を引き離している。

特に、トランプに投票した人の間では、FOXからニュースを得ていた人の割合は実に40%に達する。2位CNN(8%)、3位フェイスブック(7%)、4位NBC(6%)、5位地元メディアのニュース(5%)で、FOXの強さが際立っている。

事実より感情

米国の有権者の空気や、有権者たちがどういうメッセージを受け取っているのかを知るため、私はできるだけFOXニュースの番組を見るようにしている。

例えば、2017年6月1日、トランプはパリ協定からの離脱を発表し、米メディアはこの日、そのニュース一色になった。CNNでは、「米国が自由な世界のリーダーの座から降りた日になるだろう」とアンカーが語っていた。

米東部時間の1日午後8時、FOXニュースで看板番組の一つ『タッカー・カールソン・トゥナイト』が始まった。人気キャスター、タッカー・カールソン（Tucker Carlson）をアンカーに、毎日午後8時から1時間、その日のニュースを伝える番組だ。

冒頭のニュースは、やはり、トランプによるパリ協定離脱。カールソンは、パリ協定は、途上国に比べて米国の温室効果ガス排出量の削減義務が多く、その一方で削減義務がないインドや中国に米国が多額の資金を提供しなければならない――という主張を繰り返した。「協定離脱」を問題視する、CNNなど他の米メディアのニュースを紹介して、カールソンは「人が大勢死んだかのように大騒ぎしている」と笑った。そして、番組にゲスト出演した自治体首長がパリ協定離脱に反対していることに対して、カールソンは「インドや中国に多額のお金を渡していいのか」と言って、激しくやりあった。パリ協定のニュースは約11分半で終わった。

次のニュースは大統領選で敗れたヒラリー・クリントンの最近のインタビューを批判する内容だった。ニュースは「ヒラリー・クリントンが、相変わらず言い訳し、民主党を含めて自分以外の人たちのせいにしている」という内容だった。このニュースは約15分続き、カールソンはそのなかで、ヒラリーが敗北理由の一つとして挙げているロシア疑惑について、「ロシアの陰謀論」と呼んでいた。

私は、パリ協定の締結を世界に働きかけた米国が、そこから撤退するというニュースは、歴史的な事象だと思う。

しかし、米国で最も視聴されており、トランプ支持者の多くが見ているFOXニュースでは、米国がパリ協定締結を主導してきたことは紹介されていなかった。パリ協定では、先進国と途上国のそれぞれが背負う対策に差をつけることで、先進国と途上国がようやく折り合い、世界全体が参加することになった仕組みについての説明もなかった。ただ、カールソンが主張したのは、インドや中国と比較して米国が不利だ、という点ばかりで、感情的な言い方も目立っていた。

そもそも、パリ協定のニュースよりも、クリントン批判のニュースのほうが長いことに私は違和感を覚えた。

ただ、これが米国の市民の多くが視聴し、ニュースに触れるナンバー1のメディアだということも、事実だ。カールソンは、ロシア疑惑についても、「陰謀論」と呼び、トランプ政権にとっての問題を正面からとらえようとはしていなかった。それは、多くのトランプ支持者にもいえることでもある。

FOXニュースは全体的に、保守的な視聴者受けしそうな内容を、事実よりも感情的な論調で伝えることが多い、と私はしばしば感じる。そしてFOXニュースは、自分以外のメディア、特にリベラルなメディアを激しく攻撃する。このトランプと相似形の手法が、メディア内にあり、他メディアを攻撃していることが、米国でのメディアの信頼性の低下に影響を与えているという気がしてならない。

そのFOXニュースも、ホワイトハウスの現場の記者たちは政権に厳しい姿勢で臨んでいる。FOXニュースのホワイトハウスキャップ、ジョン・ロバーツ(John Roberts)は、毎日の定例会見の際に大統領報道官のスパイサーに対し、ロシア疑惑を巡って厳しい質問を浴びせることが多い。ただ、実際のFOXニュースの番組を仕切るアンカーたちは、トランプを擁護する姿勢が強く、かなり偏ったコメントをしていることが多く、それが米国内の保守的な有権者の空気をつくっているように私は感じる。

「ウォーターゲート事件」の時代と、いまの米国のメディア環境は、大きく異なっている。そのなかで、ロシア疑惑の解明と、トランプの大統領弾劾がどう進んでいくのかは、非常に見通しづらい面があると思う。

3月30日の上院の公聴会で聞いた証人の発言が私の印象に残っている。ロシアのサイバー攻撃に詳しい元ＦＢＩ特別捜査官のクリント・ワッツはこう言った。

「私たちが、この国のなかで、事実とフィクションの間のしっかりとした土台を築くまでの間に、大変な問題が起こることになる(until we get a firm basis on fact and fiction in our own country...we are going to have a big problem)」

米国が、仮想敵国のロシアが米国の民主主義の根幹である大統領選に介入したことを、「陰謀論」と片付けるのか、それとも大統領弾劾まで手続きを進めていくのか――。それは米国にとっても各国にとっても、そして世界の民主主義の今後の行方にとっても、大きな影響をもたらすと私は思う。

3、4、5章では、トランプ政権がどのような統治をおこない、メディアとどう対立しているのか、そしてロシア疑惑や大統領弾劾の行方を考えてきた。何度も触れてきたように、トランプはオバマへの対抗心がとりわけ強く、オバマの遺産《レガシー》をないがしろにすることに特にこだわっている。その意味でトランプ政権の対極にある、オバマ政権の統治の本質をこれから6章と7章で考えたい。

第6章

オバマはなぜ広島に来たのか——ケネディ大統領の影

広島市中区の平和記念公園で演説するバラク・オバマ　2016年5月27日午後5時49分(代表撮影)

静かな街で

2016年5月27日の夕方、広島は静かだった。

バラク・オバマはこの日、米国の現職大統領として初めて被爆地を訪れた。午後5時39分、平和記念公園で献花したあと、オバマは演説を始める。

「71年前、明るい、雲一つない朝、死が空から降ってきました。そして世界は変わってしまいました(Seventy-one years ago, on a bright, cloudless morning, death fell from the sky and the world was changed)」

いまではすっかり有名になった、オバマの歴史的なスピーチの冒頭だ。

私は、太田川をはさんで原爆ドームと向き合う場所にある、市立本川小学校の屋上から、平和記念公園の様子を取材していた。本川小学校は、爆心地から400メートルほどしか離れておらず、当時、約400人の児童たちが犠牲になった場所だ。屋上からは、平和記念公園の全体が見渡せた。

オバマが立つ平和記念公園の演台は、生い茂る緑の木々の向こう側にあり、本川小学校の屋上から大統領の姿は見えなかった。それは太田川の土手も同じだった。それでも川岸には、大勢の人たちが集まり、平和記念公園の様子を見守っている。大きな声を出す人もおらず、みんなただ、だまってオバマがいるであろう方向を見つめていた。

人々が取り囲んでいる中心には、原爆ドームがあった。本川小学校から見ていた私は、広島の街全体が、静かに犠牲者の冥福を祈っているような、不思議な雰囲気を感じた。

私は本川小の屋上で、オバマの演説をホワイトハウス側のライブ中継で見ていた。爆心地に立ったオバマは平和記念公園から世界に向けて語りかけた。「彼らの魂が、私たちに語りかけてきます（Their souls speak to us）。彼らは私たちに自分たちの内面をみつめ、立ち止まってよく考えるように求めているのです。私たちが何者であるのか、そして、私たちがこれから何者になりえるのか、と」

▼苦悶の表情

「魂が語りかけてくる」と語り、「私たちがこれから何者になりえるのかを考えよう」と語ったあと、オバマはほんの少し沈黙した。そして、口を少し「へ」の字に曲げて下唇をかむしぐさをみせた。それは彼の苦悶の表情だった。

演説するオバマ．オバマは苦悶の表情をみせた　2016年5月27日午後，広島市の平和記念公園（代表撮影）

私はオバマの演説を数十回見てきたが、オバマは、人の苦しさや痛みを演説で表現するとき、そして自分自身がつらいとき、いつもこの下唇をかむ表情をみせる。米サウスカロライナ州チャールストンの教会で、黒人9人が白人の男に射殺された2015年6月の事件で、オバマは被害者の追悼式に出席して演説したとき、やはりこの表情をみせた。

オバマは広島の地で、痛みと悔恨が混ざったような表情で下

原爆ドームの前を通る，オバマを乗せた大統領専用車ビースト（著者撮影）

唇をかんでいた。「魂が語りかけてくる」という爆心地の重みを、オバマは言葉通り肌で感じたのだと、私は本人の表情から確信した。

もちろん、71年前に広島に原爆を落としたのは米国であり、それは当時のトルーマン大統領の決断によるものだった。原爆は10万人超の無辜の民を即座に殺し、原爆死没者慰霊碑には30万人近い犠牲者たちの名簿が収められている。大変な虐殺だと私は思う。

ただ、米国内ではいまだに、「原爆投下は太平洋戦争を早期に終わらせ、たくさんの米兵たちの命を救った」という意識が根強い。大統領の広島訪問は、米国内では政治的なリスクが非常に大きく、オバマ政権内でも反対する者が少なくないのを私は取材で知っていた。それを押し切ったのは、オバマ本人と最側近たちのきわめて強い思いだった。

演説を終えたオバマは、大統領専用車ビーストに乗り込み、夕暮れの平和記念公園を一周するように回ったあと、原爆ドームに別れを告げるように、車列でその前をゆっくりと横切る。

原爆ドームの前を大統領の車列が過ぎていくのを本川小学校の屋上から眺めていると、太田川の土手を埋めた人々から大きな歓声が上がった。

その日、オバマから謝罪の言葉はなかった。しかし、現職の米国大統領が爆心地を訪れたことに、広島の人々が感謝の気持ちを伝えている空気がその場にあることを私は感じた。

オバマとホワイトハウス高官たちは、平和記念公園訪問のあと、広島空港からヘリで山口・岩国基地に飛び、そこから大統領専用機エア・フォース・ワンで離日した。

ホワイトハウス高官たちは、71年前、米国によって原爆が落とされた地に立って何を感じたのか――。私は、大統領に同行した側近の高官に率直な感想を聞いた。旧知の高官は私に、「大統領とともに広島を訪れた経験は、私のこれまでの人生で、最もパワフルな経験の一つだった。私は決して忘れることはないと思う」という返信をくれた。ホワイトハウスが広島に触れ、その重みを感じ取ったことが、文面からはビビッドに伝わってきた。

▼高官は2月、可能性を口にした

そもそもオバマはなぜ広島にやってきたのか。

私が政権高官から、「大統領は広島訪問を真剣に考えている」と聞いたのは訪問3カ月前の2016年2月のことだった。私はその言葉にかなり驚いた。当時はまだ、オバマが広島を訪問するということは、日本国内では全く現実味をもって語られていなかったからだ。

1月から始まった米大統領選の予備選は佳境に入りつつあった。その選挙期間中にオバマが広島を訪問すれば、トランプら共和党の候補から「また謝罪外交だ」とこき下ろされるのは必至、というのが当時の専門家の一致した見方だった。

私自身は、オバマは2017年1月に任期が終わるまでには広島を訪問するのではないかと考えていた。オバマ本人が訪問に強い意欲を持っていることは、内々に聞いていたからだ。しかし、広島を訪問するとしても、その時期は16年11月8日の大統領選のあと。つまり、16年末ごろなのだろうと私は思っていた。

だから、「日本での5月末のG7（主要7カ国）伊勢志摩サミットにあわせて、オバマが広島を訪れる可能性がある」という高官の示唆に、私は衝撃を受ける。

「なぜなのか」と問い返すと、オバマに近いその高官は、大統領が広島を訪問することは「正しい行いなのだ（It's the right thing to do）」と言う。

あまりにもまともすぎる答えに、またびっくりした。

米国は、世界最強の軍隊を持ち、ごりごりのパワーポリティクスを用い、冷徹なまでの戦略的な思考で行動する国だ。ホワイトハウスを長く取材してきて、私は、軍事作戦などの際の米国のリアルな姿を何度も目の当たりにしてきていた。

私は、オバマに広島を訪問して欲しい、と以前から思っていた。核兵器は人類に何をもたらすのかを、現職大統領に被爆地で感じ取ってもらいたい、と考えていたからだ。

それだけに、2009年、2010年のオバマの訪日の際、いずれもホワイトハウスの同行記者団の一員として加わっていた私は、大統領が広島や長崎を電撃訪問するのではないかと期待した。大統領のスケジュールをじっくり見て、「もしかしたら、このスケジュールとこのスケジュールの合間の時間なら、広島まで行けるのではないか」と何度も考えたものだ。しかし、オバマは被爆地を訪れず、私は心底がっかりした。

だから、オバマが「今度こそ訪問するかもしれない」という高官の言葉は、うれしい驚きだった。

同時に、米国内の政治状況を考えれば、リスクしかなさそうな広島訪問を、オバマはなぜ真剣に考えているのだろうか、という疑問が大きくなっていく。

「正しい行いだから」という高官の説明には美しい響きがあった。が、それだけに、私は何か裏があるのではないか、背後に戦略があるのではないか、とどうしても考えてしまった。

▼「正しい行いだから」

ところが、何度聞いても高官は、「正しい行いだから」と言うばかりだった。

話すうちに、２００９年にプラハで「核なき世界」を打ち出したオバマの理想主義の延長線上に、ホワイトハウスは「広島訪問」を位置づけているらしい、ということに私は気づき始めた。

さらに聞くと、高官は「オバマ政権は、日本に対し、困難な歴史に向き合うように強いてきた。だから、今度は自分たちが、自らの歴史に向き合う番なのだ」とその意味づけを踏み込んで解説した。

たしかに、慰安婦問題を巡る２０１５年末の日韓合意に至る過程で、米国は日本に対し、歴史問題を解決するよう強く促してきた。

大統領報道官のジョッシュ・アーネストは、日韓合意直後の16年1月の私のインタビューで「米国は双方の協力を促す役割を果たした」と率直に明かしている。

合意の舞台裏では、オバマ自らが、日本の首相の安倍晋三や、韓国大統領の朴槿恵《パククネ》に働きかけていた。オバマ政権は、歴史問題がネックになり、日本と韓国の間など、米国の同盟国間の連携がうまくいっていないことに、危機感を募らせていたからだ。

オバマは、8年間の任期を通じてアジア重視を掲げてきたなかで、中国を含めたアジア各国間の協力や融和をさらに進めるためには、アジア各国の間にトゲのように刺さっている歴史問題を前に動かす必要があることを強く認識するようになっていた。

安倍と朴が慰安婦問題で歴史的な日韓合意に達するという困難な決断をしたなかで、オバマは自らも「正しい行い」である、米国の現職大統領が被爆地を訪問する、という難しい決断をしようとしていることが私にも分かってきた。

ただ、周辺を取材すると、オバマ本人と最側近たちが広島訪問を真剣に検討するなかで、ホワイトハウスの一部や政策系のスタッフたちの間には、「大統領の広島訪問は政治的なリスクが大きい」という反対論があることも判明する。

2016年1月，著者の取材のインタビューに応じるジョッシュ・アーネスト

3月、日本に戻った私は、広島総局で取材していた後輩に電話を入れた。

「5月にG7で日本の伊勢志摩に来るオバマが、広島を訪問する可能性って、広島では意識されているかな」

すると後輩は即座に答えた。「いや、そんな期待は全然ありませんよ。過去に何度か日本に来たときには、期待がかなり高まっていましたけど、結局来ませんでしたからね」

やっぱりそうか、それは無理もないな、過去に何度も期待を裏切られてきたんだからな――。そんなことを思いつつ、私は「オバマが広島に来る可能性は結構あると思うから、準備を始めたほうがいいかもしれないよ」と告げ、電話を切った。

試金石

オバマが広島を訪問するうえで、ハードルは二つあった。

一つは、もちろん米国内の世論がどう動くか、だった。

オバマが広島を訪問することになれば、太平洋戦争を戦った米国の退役軍人たちを中心に、米世論から反発が強まるおそれがあったからだ。また、トランプを先頭に激戦が続いていた共和党の大統領候補選びのなかで、候補たちから「謝罪外交」という非難を浴びる可能性もあった。

ホワイトハウスが、試金石とみていたのは、4月に予定されていた国務長官であるジョン・ケリー(John Kerry)の広島訪問だった。ケリーは、広島で開かれるG7外相会合の際に、平和記念公園を訪れることを計画していた。ケリーの訪問に対する米世論の反応をみて、オバマや彼の最側近たちは広島訪問を最終判断することにしていた。

4月11日、広島を訪れたケリーは、平和記念公園の資料館を訪問した。資料館のなかの取材は制限されていたが、朝日新聞などの報道によると、ケリーは真剣な表情で頷きながら館員の説明を聞いていたという。そして、ケリーは資料館の芳名録に、こう記した。「世界中のだれもが、このメモリアルの持つ力を目で見て、感じるべきだ」

ケリーはそのあとの記者会見で、朝日新聞記者の奥寺淳から「長官はワシントンに戻ったら大統領に広島訪問を勧めるのでしょうか」と問われ、思いを語った。

「私が記帳の際に使った『世界中のだれもが』の意味はその言葉通り、だれもが、ということです。そして私は、米国の大統領もいつかその一人となり、ここに来られることを願っています」

慎重な表現ではあったが、ケリーが大統領の訪問を促す言葉を使ったことは大きかった。

ケリーの広島訪問後、米ニューヨーク・タイムズ紙とワシントン・ポスト紙は相次いで、大統領の広島訪問を求める社説を掲載した。保守系のFOXニュースでは、オバマの広島訪問について「ひどい考えだ」と反対する識者もいたが、批判的な論調はそれほど広がらなかった。米世論が批判に振れなかったことにホワイトハウスは安堵した。

しかし、本来はここで広島訪問を決めるはずだったホワイトハウスは、なかなか決断できなかった。それはもう一つのハードルが浮上してきたからである。

ずれ込んだ決断

それは、北朝鮮情勢、というハードルだった。

北朝鮮は2016年の1月はじめ、4度目の核実験をおこなった。その後もミサイル発射を続け、当時、朝鮮労働党の第一書記の金正恩《キムジョンウン》は国際社会への挑発を繰り返す。朝鮮半島情勢は緊迫していた。

さらに、北朝鮮は16年5月、36年ぶりに朝鮮労働党の党大会を開くことにしていた。党大会の開催は、故金日成主席時代の1980年以来という大行事だった。

5月の党大会に合わせて、北朝鮮がさらなる核実験や弾道ミサイルの発射をおこなう可能性に、ホワイトハウスは神経をとがらせていた。北朝鮮が核の脅威を喧伝している真っ最中に、オバマが広島を訪れて「核なき世界」を目指す考えを語ると、弱腰のイメージが北朝鮮側や世界に伝わるおそれがあったためだ。

オバマの広島訪問の最終決断に際して、北朝鮮が最後に重要なファクターになっていたことは、ほとんど知られていなかった。

4月に入ってオバマの広島訪問を巡る報道は過熱する。

4月上旬、ワシントン・ポスト紙のホワイトハウス担当記者、デイビッド・ナカムラが、「オバマが広島訪問を検討している」という内容の1面のスクープ記事を出したことで、この訪問を巡る報道合戦に急に火がついたのだ。

しかし、ホワイトハウスは、オバマが広島訪問を検討しているということは認めたが、「まだどうするかは決定していない」と繰り返した。

日本メディアからも4月終わりにかけてさまざまな記事が出たが、ホワイトハウス中枢は慎重だった。本当にまだオバマが広島を訪問するかどうかの決断はなされておらず、だからこそ大統領は言及を控えている。行くか、行かないか、どの方向になるにせよ、いったん決断をくだせばきちんと説明する――。4月末の時点の取材で、私はこんなニュアンスを受け取っていた。

予測がつかない北朝鮮の行動を見極めたのち、オバマが自身で広島に行くかどうかを決めようとしている――。そんな政権の姿勢を私は感じた。自分の決断がさまざまな分野に与える影響を考えぬく、オバマらしいやり方である。

5月6日から、北朝鮮は、36年ぶりとなる朝鮮労働党の党大会を開く。

党大会は10日まで続いたが、北朝鮮は大きな挑発行動はおこなわなかった。

ホワイトハウスがオバマの広島訪問を発表したのは、日本時間の10日夜(米東部時間10日朝)。北朝鮮が党大会に際して、核実験やミサイル発射といった挑発行動に出ないことを見極めてから、オバマは、広島を訪問するという歴史的な決断を世界に向けて発信した。

この日、オバマの最側近で、国家安全保障副アドバイザーとスピーチライターの両方を務める、ベン・ローズはブログに、「米国の現職大統領が初めて広島を訪れることになる」と書いた。ローズは、広島訪問に意欲を燃やすオバマを最側近として支えてきていた。広島訪問を正式決定したなかで、ローズはオバマの思いを代弁する役を、買って出たのだった。ローズは、ブログの文章の最後をこう締めくくる。

「大統領と彼のチームは、歴史をオープンに認識することが、共有の過去を理解するうえで欠かせないものであり、我々が生きるいまの世界を形作る力となり、私たちの子どもたちや孫たちのために我々が希求する未来を方向づける力となることを意識しながら、(広島を)訪問することになる」

その言葉は、私が2月に高官から聞いた「歴史に向き合う」という決意に重なるものだった。

そしてそれは、歴史認識を巡って、近隣諸国と摩擦が続く日本の安倍政権への強いメッセージをはらんでいるように私には思えてならなかった。

ローズはワシントンに戻ったあとの6月1日、再びブログに文章を載せた。彼はスピーチライターとして、オバマとともに広島演説をつくりあげていた。ローズは、オバマがベトナム、日本を歴訪する旅の最中も何度も演説を手直ししていたことを明かした。そしてオバマは演説を通じて、「歴史から学ばなければならないことを振り返り」、そこに「リアリスト（現実主義者）のメッセージ」を組み合わせながら、『人類は一つの家族なのだ』という理想主義的な訴え」を伝えようとしたのだ、とローズは説明した。

歴史から学びながら現実を直視し、理想主義を掲げる——。それがオバマやローズたちの狙いだった。とくに「歴史に向き合う」という言葉は、ローズが語る際のキーワードになっていた。

ローズが明かす本当の理由

ローズは、オバマの外交政策を8年間にわたり支え続けた最側近だ。31歳だった2009年1月にホワイトハウスに入り、オバマ政権が2017年1月に終わるまでオバマを支え続けた。

ベン・ローズ（著者撮影）

ローズは、ホワイトハウスで米主要メディアの記者らが構成するインナーサークルのなかで、外交政策を動かす最重要人物として知られていた。

私がローズと知り合ったのは、彼が30代前半だった政権初期のころだった。彼は政策を熟知し、何をメディアに伝え、何を伝えるべきでないかという線引きを意識しながら、ときに大胆に本質的な説明をできる高官だった。

政権の本音が詰まったローズの個別インタビューをとることは、米メディアの記者たちでも容易ではなく、主要メディアであってもその機会はまれだった。だからこそ、貴重なローズのインタビューがとれたときの米メディアの扱いは大きかった。

ニューヨーク・タイムズは、2016年5月の週末版ニューヨーク・タイムズ・マガジンで、彼のインタビューを交えた長編の特集（野心的な小説家が、オバマ大統領の外交政策のグルになった、The Aspiring Novelist Who Became Obama's Foreign-Policy Guru）を掲載した。彼を「オバマの導師《グル》」とまで呼んでその影響力を持ち上げる一方、ローズがいかにメディアと米政界を操っているのかを批判する内容だった。この特集によって、ローズは米議員たちから批判を浴び、米メディアも揺るがす反響が巻き起こる。記事の最後で、特集の筆者は、オバマ政権のローズを、ニクソン政権のヘンリー・キッシンジャー国務長官になぞらえていた。

ローズは、大統領と1日2〜3時間は過ごすと言われていた。外交政策を作り上げ、最重要スピーチをオバマと二人三脚でつくる。オバマの8年間で、東アジア政策の中核部分を書いてきたのはローズであり、広島訪問の際のオバマの歴史的なスピーチもローズが大統領と練り上げたものだった。

ローズは、オバマ大統領が各国首脳とおこなう首脳会談では常にその横に寄り添う。私は2009年から12年のワシントン特派員時代に、ホワイトハウスのインナーサークルに米主要メディア記者に交じって参加するなかで、ローズとやりとりする機会が増えていった。

ローズは、元々は小説家志望で、実際、作家としての将来を嘱望される才能の持ち主だった。ニューヨーク大学院生だった2001年9月の米同時多発テロで、ワールド・トレード・センタービル（世界貿易センタービル）に航空機が突っ込むのを目撃したことが、彼の人生を変え、国際政治の世界に身を投じる契機になった。

天才

ホワイトハウスのある高官は、「彼は言葉の天才だ」と私に教えてくれた。スタッフたちが、大統領のために練り上げた文章を、ローズが添削すると、論旨が明確になり、文章も美しくなるのだという。

広島演説を含め、オバマがおこなう重要な演説の多くは、大統領がコンセプトを語り、ローズがそれを言葉としてつむぎ出し、その後2人でじっくり練り上げていって完成したものだった。

当初はオバマのスピーチライターとしての役割だけだったローズは、その明晰さと戦略性が買われて、次第に外交政策そのものを設計するようになり、大統領から大きな信頼を得ていく。オバマが、キューバとの歴史的な国交回復で合意に至る極秘の交渉を、特使としてローズに任せたのはその証左だ。

身長は170センチそこそこで米国人としては小柄なローズだが、話し始めると、その声は自信に満ちている。時に大胆なコメントを的確に発し、一方で、答えないと決めると、あたかも答えたかのように言葉をつなぎながら記者を煙に巻く技術にもたけている。

インナーサークルの記者の間では、事の本質や特別なニュースを追う際には、「ローズに聞くに限る」というのが鉄則になっていた。

ニューヨーク・タイムズ・マガジンの記事はローズの怜悧《れいり》で戦略的な側面にばかり焦点を当てていた。しかし、ふだんの本人は、強烈な自信家という側面がある一方で、30代の若者らしい気さくで率直な面もあり、時に書生のような理想論を正面から語る点が非常に印象的だった。私は、オバマ外交の理想主義をそのまま体現しているような人物だと感じていた。

私は2015年から「機動特派員」という立場で、東京をベースに海外取材で飛び回ることになる。ホワイトハウスを再び取材するようになるなかで、ローズとのやりとりも増えていった。

オバマの歴史的な広島訪問についての話を、私はローズから直接聞きたいと思った。オバマやローズが、現職の米大統領の被爆地訪問に際して、何を考えていたのかは記録として残す必要があると考えたからだ。そして、オバマ外交の8年間がいったいなんだったのかも聞きたかった。

「なるほど、トシ、面白そうだね。ぜひやろう」

本人は私の申し出を快諾した。ローズが明かしたオバマの広島訪問の真の狙いや、オバマ外交の本質は、彼にしか語れない内容だった。

なぜ「歴史と向き合う」のか

私は2016年2月、まだ広島訪問が本格検討され始めたばかりのころに、米高官から聞いた「我々は日本政府に、困難な過去に向き合うことを強いた。今回は我々が困難な過去に向き合う番だ」という言葉が強く印象に残っていた。

私が2016年12月にローズにインタビューしたとき、まず聞いたのはその部分だった。大統領の広島訪問の背後には実際、そうした考えがあったのかどうか、と。

ローズは「私たちは、日本にメッセージを送りたいと考えていました」と語った。歴史に向き合う重要性を、オバマの広島訪問を通じて日本に示したい、とそんなニュアンスがローズの言葉にはこもっていた。

彼は続けた。「広島は非常に特別な歴史を持った大きな街です。ですが、私たちが政権に就いた時点では、それまで駐日米大使が平和記念式典に出席したことは一度もなかった。だからこそ、私たちは政権運営を進めていくなかで、米国人たちにとって、原爆の犠牲者を追悼することが普通に感じられるように努めてきました。最初は米大使が訪れ、次にケリー国務長官が行き、そして大統領が訪問する、ということを通じてです」

オバマが政権に就いたのは8年前の2009年1月のことだ。ローズが語ったのは、同年8月に就任したルース駐日米大使を、10年8月の広島での平和記念式典に初めて派遣したのは、大統領の広島訪問に向けた周到な地ならしだったというホワイトハウスの認識だ。オバマが2009年の就任時から広島訪問に強い意欲を持っており、その実現のために、7年半かけて着々と準備してきたことがうかがえる。

ローズはさらに「オバマ大統領にとっては2番目の理由がありました。それは核軍縮に向けた彼の決意であり、その世界的な運動のなかで広島がいかに中心的な場所であるか、ということでした。過去を認識するだけでなくそれを超えて、広島を訪問するということは、核兵器についてのメッセージを送るという意味がありました」と話した。

オバマは就任した09年の4月、チェコの首都プラハでの演説で「核なき世界」を目指す考えを表明している。「核なき世界」を掲げた大統領が、核廃絶運動にとって象徴的な場である広島を訪れることを通じて、世界に向けて核軍縮の重要性を訴える狙いがあった。ローズはそのうえで、歴史に向き合う重要性へと言葉をつないだ。

「そしてたしかに、私たちは、日本側に困難な歴史を認識する努力をするよう促してきました。その点で、慰安婦問題を巡る韓国との合意を私たちは歓迎しています。こうした歴史的な問題はどれも難しく、それぞれが異なったものです。ただ、共通するのは、歴史を率直に見つめ、同時に歴史に過度に制約を受けずにいることができるとき、国々はより和解を進めることができ、より協力し合えるようになるということです」

▼日韓合意とオバマの影

ローズは、ホワイトハウスが安倍政権に対し、歴史に向き合うように求めてきたことに言及し、その成果として、2015年末の慰安婦問題での日韓合意を高く評価する考えを語った。

そこで、私は、オバマ大統領が日韓合意でどのような役割を果たしたのかを率直に質した。「慰安婦問題についての日韓協議を巡って、歴史的な合意に達するよう、オバマ大統領は安倍首相に直接働きかけたのですか?」と。

ローズは即答する。

「彼はたしかに働きかけていました。究極的には、それは韓国と日本の間で合意されることです。しかし、私たちは合意を促しました。日韓関係がうまくいっていないとき、オバマ大統領はオランダのハーグで、朴槿恵大統領と安倍首相と共に3カ国首脳会議を開きました。私たちは私たちにできることをした。両国の努力を支援したのです」

「我々の見方は、歴史という観点を超えて、我々の同盟国同士がうまくやっていくことは、アジアにとって、米国にとって、そして我々の同盟国にとって良い、というものです。だからこそ、我々は、我々にできうるあらゆる形で、日韓合意を支援したかったのです」

ローズは、オバマによる個人的な働きかけを率直に認めた。

２０１５年末の日韓合意について、オバマが安倍に直接働きかけていたことをホワイトハウス高官が明らかにしたのは初めてだった。

２０１３年12月に安倍首相が靖国参拝に踏み切ったことで、日韓関係は緊張が高まり、ホワイトハウスは同盟国同士のとげとげしい関係を憂慮していた。その緊張関係をほぐそうと、オバマ自らが水面下で積極的に動いていたのである。

「戦後70年談話」と米国

歴史問題という意味では、首相の安倍が２０１５年８月に出した、戦後70年談話も大きな議論になった。

安倍は談話を出す前の15年１月の時点では、「心からのお詫《わ》び」「痛切な反省」といった表現を継承することに否定的な考えを示していたが、８月に出た実際の談話には、あいまいな表現ながら、「侵略」「植民地支配」「反省」「お詫び」といったキーワードがすべて入り、保守派とリベラル派の双方に配慮した形になった。

米国の影が色濃くみえた談話だっただけに、私はローズに、首相の安倍が戦後70年談話を出した際に、米国がどんな役割を果たしたのかを聞きたかった。

「安倍首相が戦後70年談話を出す前にも、オバマ大統領は安倍首相に対して、過去に向き合うと共に、談話を和らげるように促したのでしょうか?」という私の問いかけに、ローズは答えた。

「その際にどの程度関与したかは覚えていません。ただ、一般論として、私たちはアジアにおいて歴史問題がどれぐらい敏感なことなのかを認識しています。そして、歴史問題が緊張を高めたり、協力の邪魔をするようなことがないようにする努力を促してきました。ですから、私は具体的な詳細は覚えていませんが、それがたしかに私たちの一般的なメッセージでした。単に日本に対してというだけでなく、その地域のすべての国々に対して」

オバマが安倍に戦後70年談話のときにも働きかけていたのかどうかについては、ローズは直接の言及を避けた。しかし、一般論として、歴史問題が東アジアの緊張を高めることがないように米国は働きかけてきた、と回答。首相の戦後70年談話でも、ホワイトハウスが日本政府に働きかけていたことをローズは示唆した。

一連の物語

ホワイトハウスは「慰安婦問題の日韓合意」や、「安倍首相の戦後70年談話」などで、ことあるごとに、日本に歴史に向き合い、周辺国と和解する努力をするように求めてきていた。

安倍政権が歴史的な日韓合意などを通じてその要請に応えるなか、それに呼応してオバマ自身がおこなったのが被爆地・広島への訪問だった。そして、オバマの広島訪問は、安倍の真珠湾訪問へとつながっていく。

ホワイトハウスの高官たちに長く取材してきた私の目から見ると、「2015年夏の戦後70年談話」―「同年12月の日韓合意」―「16年5月のオバマ大統領の広島訪問」―「同年12月の安倍首相の真珠湾訪問」は、すべてが相互に作用し合う一連の「物語」だったといえると思う。

戦後レジームからの脱却をもともと掲げていた安倍は、村山談話などでアジアに謝罪してきた日本政府の歴史認識を修正したい考えをにじませてきた。そうした姿勢にオバマ・ホワイトハウスは懸念を強めていた。米国のアジアの同盟国の間や、対中国で不必要な摩擦を生んでいる、というのが高官たちのいらだちだった。米国側が陰に陽に伝えてきたそうした懸念をふまえ、安倍の「戦後70年談話」には、リベラル派が求めていたキーワードがすべて入り、あいまいで中庸な中身に落ち着いた。

北朝鮮に対処するうえで、オバマらは日本と韓国の協力がおぼつかないことにも不安感を抱いていた。その根っこにあった、慰安婦問題で、米国は半ば日韓の交渉を仲介し、両国が折り合う際の立会人のような立場で、歴史的な合意を実現した。

今度は、オバマや米国が応える番だった。

ただ、その物語の歯車を回すには、もう一つ大きな問題を解決する必要があった。

それは、オバマ政権初期からおこなわれていた、当時の日本の民主党政権や、そして自民党が政権に復帰して以降の安倍政権との長い秘密交渉の経緯だった。

▼数年間の秘密交渉

複数の米政府高官によると、もともと、「米大統領の広島訪問」と「日本の首相の真珠湾訪問」は数年前からセットで、両国間で秘密裏に交渉されていた話だった。

オバマは2009年に政権が発足した当初から、広島を訪問したい、という強い意欲を持っていた。しかし、オバマが広島訪問に踏み切れば、米国内で「謝罪外交」と批判され、太平洋戦争を戦った退役軍人たちからも反発が強まるおそれがあった。

そんななかで、浮上したのは、「日本の首相がまず真珠湾に行き、そのあとでオバマが広島を訪問する」という案だった。

そこには、日本の首相が真珠湾を訪問して、太平洋戦争の発端になった真珠湾攻撃に向き合う姿勢を示したあとなら、オバマが広島を訪れても米国民に受け入れられやすい、という計算があった。

米国では、大統領の広島訪問の是非が語られるとき、必ずと言っていいほど出てくる話がある。「そもそも戦争を始めたのは真珠湾を攻撃した日本ではないか。広島への原爆投下は、その戦争を終わらせるものであり、それは大勢の米兵ばかりでなく、日本人の命を救った面もあるのだ」という議論だ。

だからこそ、日本の首相が最初に真珠湾を訪問することで、そうした米国内の批判にも対処できる、という考えが、米政権内にはあった。

ただ、ローズとは異なるホワイトハウス高官によると、安倍首相側は当初は真珠湾訪問にあまり乗り気ではなかったという。

実際、ホワイトハウスがオバマの広島訪問を真剣に検討し始めていた2016年2月や3月には、日本政府周辺には、必ずしも大統領の広島訪問を諸手を挙げて歓迎するわけではない、微妙な空気が流れていた。

「セット論」を断ち切ったオバマ

こうした秘密交渉の経緯を知っていた私は、オバマが広島訪問を表明する際には、安倍の真珠湾訪問も打ち出される可能性もあるとみていた。

ところが、実際は、5月10日にホワイトハウスからオバマの広島訪問についての発表があり、安倍は首相官邸で記者団に対して、オバマの広島訪問に同行すると説明しただけだった。安倍が真珠湾に行くかどうかは説明がなかった。

オバマが先に広島に行けば、場合によっては、安倍がそのあと真珠湾に行かない可能性もある。仮に水面下の約束があったとしても、それはその時々の事情で、訪問できなくなることもあるからだ。

私には、微妙な空気のなかで、オバマが最後に「大統領の広島訪問」と「首相の真珠湾訪問」という「セット論」を断ち切って、安倍首相が真珠湾を訪問するかどうかの確証がないまま、自らの広島訪問を強行したようにみえた。ローズに、この部分がどうだったのかをぜひ聞いてみたいと、思っていた。

私はローズに聞いた。「日米両国の間では、この数年間、水面下で『大統領の広島訪問』と『首相の真珠湾訪問』がセットで議論されてきた経緯があると思います。しかし、今回、オバマ大統領はその連関を自ら断ち切り、自分だけの決断として広島訪問を決めたようにみえました。これは正しい認識でしょうか?」

「ええ、その通りです。オバマ大統領にとって、自らのために広島に行くことが重要だったのです。言い換えれば、彼は広島を訪問する最初の米国大統領になることが非常に大事だと感じていた。同盟国に対するメッセージと核兵器についてのメッセージを送るという両面からです。だからこそ、私たちは、首相が真珠湾に行くのだったら我々も広島に行く、というようには思われたくなかったのです」

ローズが「その通り」とあっさり明言したことに、私は驚いた。数年間の両国間の秘密交渉の存在を、ローズがオン・ザ・レコードの席であっさり認めたからだ。さらに、ローズは、オバマ自らが「セット論」を断ち切っていたことも明かす。

それは、オバマが、自らの強い意志として広島に行くことを明示するために、「セット論」を断ち切って広島訪問を決断したのだ、という舞台裏の事実だった。

「何があろうとも、広島に」

ローズはさらにこう続けた。

「私たちは、何があろうとも広島に行くのだ、ということを明確にしたかったのです(So, we wanted to make clear we would go to Hiroshima, no matter what)。(広島訪問の)当時、私たちは首相の真珠湾訪問を歓迎するということは言っていましたが、それらが一種の取引のようにみられたくないと思っていました。それぞれの訪問は、それぞれの理由によって必要でした。広島訪問は、歴史問題や同盟国(へのメッセージ)だけでなく、核軍縮について(のメッセージ)も想起させる。それは、真珠湾とは完全に離れたものなのです。一方で、真珠湾は、別の観点から、和解を示唆します。だからこそ私たちは、その二つを連関しているものとはみないことが、重要だと考えているのです」

ローズが使った「ノー・マター・ホワット(no matter what)」という言葉は、「何があろうとも」ということを意味し、米国では非常に強い表現だ。そこには、オバマ自らが広島訪問にかけた強い思いが投影されていた。ローズはさらに踏み込んだ。

▼キーワード

「(ただ、二つに)共通するのは、歴史に率直に向き合い、歴史を尊重することは、前に進むうえで、重要であり有益だということです。その点では、(広島と真珠湾の)二つの訪問を貫くのは、似たような哲学です。しかし、日本のみなさんに改めて明確にしておきたいのは、オバマ大統領が広島を訪問したのは、それが正しい行いだからであり、日本の首相に真珠湾に来て欲しかったからではありません(But again, we want to make clear to the Japanese people that President Obama went to Hiroshima because that was the right thing to do, not because he wanted the Japanese Prime Minister to come to Pearl Harbor)。私は、安倍首相も同じことを言うと思います」

歴史に向き合うことで、我々は前に進むことができる。オバマが広島を訪問したのは、それが正しい行いだからだ――。私が当初建前なのではないかと疑った、広島訪問の理由は、実は本音でもあったことが、ローズの言葉を聞いて氷解した。

「なぜなら、それが正しい行いだからだ(because that was the right thing to do)」という言葉は、私が2月に高官から聞いたフレーズと同じだった。「現職大統領の広島訪問は、歴史を直視するうえで正しい行いなのだ。だからこそ、オバマは行くのだ」という強い思いが、オバマ本人、ローズ、そしてホワイトハウスに貫徹していたことに私はようやく気づいた。そこには、強靱な理想主義が存在していた。

反発覚悟

たしかに考えてみれば、そうした理想主義なしには、大統領の広島訪問という決断は成立しようがなかった。

私が米国に6年間特派員として暮らし、取材した感覚では、米国の大統領が広島に訪問することへは、米国内の保守層だけでなく、多くのリベラル層の間にも反対する空気が強かった。米国内では、原爆投下は戦争終結を早め、大勢の米兵の命を救ったのであり、正しい決断だったという認識は、リベラル層にも広く共有されていたためだ。広島訪問は、左右どちらの有権者にも支持されない可能性が高い、大統領や政権としてのリスクが非常に大きな決断だったと思う。

保守層もリベラル層も反対するのは、大統領が広島を訪問して平和記念公園を訪れるという行動自体が、たとえ謝罪の言葉を口にしなかったとしても、一種の悔恨を表すものであって、全体として「謝罪」と受け止められる公算が大きいためだ。

米国内においてはリスクばかりだったと言っていい決断をオバマが下した理由の根っこにあったのは、「それが正しい行いだ」という理念であり、理想主義だった。

その理想の上に、同盟をより強固なものにするという現実主義、そして、「核軍縮に向けたメッセージを広島から発したい」という未来に向けた思いを積み上げていった訪問だったことが、ローズと語り合うなかで、私にははっきり分かった。

最後にぜひ聞きたかったことがあった。

オバマと二人三脚で広島演説をつくり、実際の演説を平和記念公園で一番間近で聞き、一緒に米国に帰ったローズだからこそ見えた、「広島訪問でオバマは何を感じ、その後どんな様子だったのか」ということだった。

ローズはこう明かしてくれた。

「彼が大統領として経験した最もパワフルな経験の一つだ、と語っていました。そして被爆者と言葉を交わしたことが、何よりも一番パワフルな経験だったと語っていました。米国大統領の訪問を被爆者たちがどれほど感謝しているのかを感じ取り、心を打たれていました。大統領は被爆者の家族からの手紙を今でも受け取り続け、個人的に読み続けています」

オバマの深い思いが、ローズの言葉を通じて伝わってきた。

キャロライン・ケネディというやわらかな援軍

駐日米大使のキャロライン・ケネディが、オバマの広島訪問では大きな役割を果たしている、という話を、私はホワイトハウスの高官たちから聞いていた。

日本政府と米国が話す際の窓口である大使としての役割はもちろんだが、それよりももっとオバマにとっての心情的な支えになっていた、というようなニュアンスを私は関係者から聞いていた。ケネディは、オバマが2008年の大統領選に立候補した際、「父のような大統領になれる」と支持を打ち出し、オバマを押し上げた人物だ。オバマにとっては、心から信頼する盟友であり、オバマに請われて2013年11月に駐日大使に就いた。

だからこそ、ケネディ本人に、大統領の広島訪問を巡って何があったのか、オバマは訪問を経てどんな気持ちを抱いたのか、を確かめたいと思っていた。

2016年10月、美しい緑に囲まれた赤坂の大使公邸で会ったケネディは、物腰がやわらかで、それでいて米国人らしい冗談をしょっちゅう飛ばす、快活な人物だった。

私は、キャロライン・ケネディの父、第35代大統領のジョン・F・ケネディの言葉に魅せられて育った。有名な「あなたの国があなたに何をしてくれるかではなく、あなたがあなたの国に何をできるのかを自分自身に問いかけてください（Ask not what your country can do for you; ask what you can do for your country)」という力強いメッセージと、暗殺という悲劇的な結末に、多くの若者同様、10代の私はひきつけられた。ケネディ関連本を読みあさり、学生時代には、青年時代のジョン・F・ケネディのポスターを部屋に飾ったりもしていた。

暗殺されたケネディの葬儀の際、わずか4歳だった長女のキャロラインの悲しげな写真は、頭に焼き付いていた。その本人に直接会って話ができるのは、歴史のなかに入り込むような不思議な感覚だった。

かしこまったインタビューが苦手だというケネディは、大使公邸の広いダイニングルームの真ん中で向き合う形に、最初は硬い表情だった。そこで、私は事前に調べてきたケネディ家の年1回の「歴史旅行」の話を向けた。すると、本人は「あら、あなたはそんなことも知ってるのね」、と言って急に打ち解けた雰囲気になり、やわらかな笑みをみせてくれるようになった。

キャロラインの叔父で、米上院議員を長く務めた故テッド・ケネディは、年に1度、キャロラインらを連れて、世界の歴史的な場所を巡る「歴史旅行」を催していた。それはケネディ家の伝統だった。

2016年10月，大使公邸で著者のインタビューに応じるキャロライン・ケネディ

キャロライン・ケネディが、最初に広島を訪れたのは40年近く前の1978年のことだ。叔父のテッド・ケネディと、広島の平和記念公園の慰霊碑の前で頭を垂れるキャロラインの写真を覚えていた私は、「あのときの広島訪問は、ケネディ家伝統の『歴史旅行』の一環だったのですか」と問いかけた。

キャロラインは、ケネディ家伝統の「歴史旅行」が盛んになったのは、実はもう少し後のことだった、と説明したが、「でも、それはもともと家族でやってきたことの延長線上にあったものでした。私の祖母は歴史を愛していました。そして私の父も母もそうでした」と、父のケネディ氏に自ら触れ、懐かしいことを思い出す表情になった。

父が敷いた道

キャロラインが、叔父のテッドとともに、被爆地を訪れたとき、彼女は20歳だった。

そのときの衝撃を、キャロラインは率直に明かした。

「ただ、圧倒されました。手触りで歴史を感じ、人として、本当に深い義務感を抱きました。核なき世界をつくることを目指そう、と」

「核なき世界」とはオバマが２００９年のプラハ演説で打ち出した考え方だ。キャロライン・ケネディは、その30年前に同じことを感じていた。

キャロラインはコロンビア大のロースクールを出て、弁護士だけでなく、作家、編集者として活躍してきた。教育などの非営利活動にも熱心に取り組んできた。ただ、公職に就くのは、駐日大使が初めてだった。

私が「その（広島の）経験が、公の仕事に就くきっかけになったのでしょうか」と尋ねると、彼女は父ケネディ大統領への思いを語り始めた。

「ケネディ大統領の最も誇るべき業績は、（１９６３年の）部分的核実験禁止条約の締結だったということを、私は知っていました。彼は（前年の）キューバ危機を通じ、世界がどれほど核戦争に近づいたのかを悟り、それが決して起こらぬよう、大統領としてあらゆることをすると心に決めたのです。その歴史は、私にとってはとてもパーソナルなものです」

ケネディ大統領は、キューバ危機で米ソ間の核戦争の危険に直面し、ぎりぎりで回避したことで知られている。

しかし、キャロラインが私に話したのは、その後の父ケネディの歩みについてだった。キューバ危機の翌年に、ケネディ大統領が米英ソ3カ国の「部分的核実験禁止条約」を締結し、核軍縮への道を開いたことを大使はとりわけ誇りに思っていた。

オバマの広島訪問を通じて、父が開いた核軍縮への道に駐日大使としての一歩を刻んだことへの強い自負が感じられた。

そうか、核軍縮、そして、オバマの広島訪問には、キャロラインにとって亡き父につながる「パーソナル」な思いが交錯していたのだと、私は悟った。

ケネディは大使に就任したわけについて、こうも話した。「私の家族は何年も何世代も、公職にかかわってきましたから」

第35代米大統領の父ジョン・F・ケネディ、叔父で米司法長官を務め1968年に民主党の大統領候補指名争いをしていた最中に暗殺されたロバート・ケネディ、やはり叔父の上院議員テッド・ケネディ——。公僕として米国を支えてきたケネディ家を継ぐキャロラインの自負を、私は感じた。

▼「歴史的な瞬間になる」

ケネディはオバマが広島訪問を決断する1カ月前の4月、ワシントンに戻っていた。

重要な目的の一つは、オバマと広島訪問について議論することだった。

オバマと会ったケネディは訴えた。

「(あなたの広島訪問が実現すれば)それは、歴史的な瞬間になります」

大使として、核軍縮の取り組みを始めたケネディ大統領の愛娘として、深い思いがこもった訴えだった。

その1カ月後、オバマは広島訪問を決断した。

そして5月27日、伊勢志摩サミットを終えたオバマは、愛知県の中部空港で、大統領専用機エア・フォース・ワンに乗り込んだ。オバマとともに機体に乗り込んだのは、ケネディだった。

ケネディが私に明かした演説直前の大統領の姿は、やはり、オバマらしいものだった。

「彼は最後の最後まで、原稿をチェックしていました」

オバマはケネディのすぐ前で、演説原稿を取り出し、専用機のなかで推敲を続けた。

そばにはベン・ローズの姿もあった。

71年前、世界で初めて原爆が落とされた広島の地を、投下した国の現職大統領が訪れ、被爆者たちにメッセージを発する。その重みを機内にいるみなが共有していた。

そして広島を訪れたオバマは、まず平和記念資料館に入り、そこで、折り鶴を差し出した。

実は折り鶴づくりをオバマと一緒に練習したのは、ケネディだった。

折り鶴にオバマがこめた真のメッセージ

オバマが自分が折った4羽のうち2羽を、次世代の子どもに手渡したのは大きな意味があったのだとケネディは明かした。

「オバマ大統領はキャリアを通じ、新しい世代を政治的なプロセスに呼び込むことに、身を投じてきました。(鶴は)国際的な象徴でもありますが、(折り鶴は)子どもたちに焦点を当てたものでもあって、すばらしい表現でした」

折り鶴にオバマがこめたのは、「核なき世界」を実現していくうえで、次の世代に期待しているというメッセージだった。

そして、ケネディは、平和記念公園でのオバマの17分間の演説を目の前で聞いた。

ケネディ駐日大使から長崎原爆資料館の中村明俊館長に届いたメッセージカードにあった写真．オバマ大統領とケネディ氏が折り紙を折る様子が写り，カードに「Origami Practice（折り紙の練習）」と書かれていたという

「彼は深く感じていた思いを(演説で)表現したのです」

ケネディは広島訪問から3カ月後の2016年8月、オバマに会った。オバマはそのときにも、広島訪問についての強い印象をケネディに語った。

オバマが何を語ったのか。「どれだけエモーショナル(感動的)だったか、そして広島での演説に大変な労力を傾けたという話でした。日本のみなさんにとても好意的に受けとめられたことを、本当に喜んでいました。彼個人にとっても、非常に大きな意味を持ったのです」

ケネディの思い

大使公邸のダイニングルームでじっくり話し合ったケネディは、語り口はやわらかでいて、冗談も飛ばす気さくな人物だった。

弁護士、作家、編集者としての仕事をこなしながら、娘2人と息子1人の子ども3人を育て、大使の重責も担っているケネディに、私はプライベートと仕事のバランスをどうとるべきなのでしょうか、と聞いた。

「ほとんどの女性はその点で自分が完璧にできているとは決して思っていません。（大統領夫人の）ミシェル・オバマさんが、安倍夫人とのイベントで言っていました。『母であることは、私をより良い働き手にする。また働いていることが、私をより良き母にする』と。それは本当に正しいと思います」

「私は、家族を育てることは、社会全体が支援することだと思うのです。女性だけの責任ではない。人生は一つです。様々な要素があり、その中で、人は自分にあった選択をしなければなりません。助けてくれる人はたくさんいます。女性は、助けを求めることを恐れるべきではないのです。職場でも家庭でも。もちろん、男性はいつだって手助けすることができるはずです」

男性はいつでも女性を手助けすることができる、というのは私に向けられた言葉だった。

私が男性の一人として、「私たちはそうしないといけないですね。私も頑張ってはいるのですが……」と答え、「次の質問なのですが」とインタビューをさらに進めようとすると、ケネディはいたずらっぽい目で私を見て、遮った。

「本当に？　あなたは何をしているの？　あなたは何をしているの？」

身を乗り出して、聞いてきたケネディに私は返答せざるを得なくなった。

「私は3歳の娘を保育園に連れていっています。それと、できるときには午後8時前に家に帰ろうと」

「あら、それはすばらしい。なら、あなたは娘さんに会えるのですね」とケネディは目を輝かせた。

ただ、私が「妻には、『まだ仕事に注力しすぎ』と正しい指摘を受けているのですけどね」と告白すると、ケネディは「確かに。あなたは上司と話さないといけないですよ。私があなたの上司に言ってあげましょう」とジョークを言って、快活に笑った。

等身大のケネディは、とてもフレンドリーな米国人だった。

私はキャロライン・ケネディと向き合って話すなかで、父ジョン・F・ケネディへのあふれる思いを感じた。だからこそ、私は「オバマの広島訪問という歴史に残る業績を、駐日大使として成し遂げたあなたに、亡き父上はどんな言葉をかけるでしょうか」と尋ねた。

ケネディはうれしそうな笑顔をみせたあと、「彼だったら、きっと……」と言いかけ、言葉をそっと胸にしまい込んだ。

そこには、誰にも触れることができない、父と娘だけの聖域があるのだと私は感じとった。

インタビューをした大使公邸のダイニングルームからホールをへだてた場所には、ライブラリーと呼ばれる小部屋があった。

その壁には大きな白黒写真がかかっていた。
若き大統領ジョン・F・ケネディと、そのひざに抱かれてうれしそうにほほえむ幼いキャロライン
の姿がそこにはあった。時間が止まったような空間だった。
キャロラインのなかの深い部分で、いまもケネディ大統領が生き続けている。私はそう感じた。

第7章

ビンラディン殺害作戦と、オバマの決断

2011年5月1日，オサマ・ビンラディン急襲作戦を実行中，ホワイトハウスの作戦室で議論を聞くオバマ(ホワイトハウスのアーカイブから)

最大の作戦

ホワイトハウスのインナーサークルの取材で、浮き上がってみえてくるのは、超大国のリーダーである米大統領が決断する際の生の姿だ。

米主要メディアに交じる少人数のブリーフィング、さらにホワイトハウス中枢の高官と一対一で向き合って詰めていく取材の焦点は、大統領がどのように、どんな言葉を語りながら、重大な決断をくだしたのか、という一点に絞られていく。

私にとって特に印象的だったのは、オサマ・ビンラディン(Osama bin Laden)急襲作戦でのオバマの姿だった。

2001年9月11日朝、国際テロ組織アルカイダのテロリストたちは、4機の航空機をハイジャックした。2機はニューヨークのワールド・トレード・センタービルのツインタワーに突っ込み、ビルは倒壊。別の1機はワシントン近郊の国防総省庁舎に突っ込み、残り1機はペンシルベニア州に墜落した。犠牲者の数は約3000人に上った。「米同時多発テロ」は、その後の米国と世界を変えることになった。

テロの首謀者、オサマ・ビンラディンは、その後米国が追い続ける最大の敵になった。同時テロに直面した大統領のジョージ・W・ブッシュは、その後、アフガニスタンとイラクという二つの戦争に踏み切ったが、肝心のビンラディンを捕らえることはできなかった。

その最大の敵の居場所を突き止め、急襲する計画をたてたオバマ政権と、大統領本人はどう決断し、行動したのか――。

機密事項である作戦の中身を知る取材はかなり困難だったが、オバマ政権高官が私に直接明かした内実は、大統領や最側近たちの緊張がビビッドに伝わってくるものだった。

秘密会議

２０１１年4月28日の木曜日。ワシントンは20度を超える春らしい暖かい日だったが、一日中曇り空が広がっていた。

その日の午後、ホワイトハウスでは重要な秘密会議が開かれていた。

話し合われていたのは、オサマ・ビンラディンの隠れ家についての情報と、そこを急襲する計画について。3月半ば以降、5回目となる協議はこの日、約2時間に及んでいた。

大統領のオバマ、副大統領のジョー・バイデン(Joe Biden)、国防長官のロバート・ゲイツ(Robert Gates)、国務長官のヒラリー・クリントンという政権の中心人物がもちろんそろっている。さらに、米中央情報局(ＣＩＡ)長官のレオン・パネッタ(Leon Panetta)、国家情報長官のクラッパー、国家安全保障アドバイザーのトム・ドニロン(Tom Donilon)、の7人がその場にいた。

「目標のパキスタンの邸宅にビンラディンがいる可能性が高い。しかし確信は持てない」

ＣＩＡなど17機関で構成される「インテリジェンス・コミュニティー」と政権幹部は、そんな評価をオバマに示す。

作戦には、米海軍の特殊部隊ネイビー・シールズが投入される見通しだった。ネイビー・シールズは、米海軍が誇る最精鋭の特殊部隊だが、パキスタンの国境内に深く入って軍事作戦を展開することは、当然ながら隊員たちを大きな危険にさらすおそれがあった。

「一晩考えてみたい」

10年近く追い続けてきた宿敵、ビンラディンを捕捉できる可能性が高いが、そこにいないおそれもある。特殊部隊を派遣することは、アルカイダ側の応戦を受けるおそれだけでなく、パキスタン軍と偶発的な交戦に発展する危険性もある。高官が「ロング・ミーティング（長い会議）」と呼んだ議論では、うまくいかなかったときにどうなるのかなど、ネガティブなシナリオなどが話し合われたという。

大統領としてどう判断するのか。決断はオバマに委ねられた。

政権高官によると、2時間に及んだ会議の最後にオバマはこう言った。

「いますぐには決断しない。一晩考えてみたい」

会議は終了した。

オバマは、熟考型の大統領である。ある国家安全保障会議（NSC）高官は、オバマのスタイルをこう明かしたことがある。

「大統領は、昼は次から次へと分刻みのスケジュールをこなしており、日中はゆっくり考える時間がない。そのせいか、オバマ氏は、夜にスタッフが用意した分厚いブリーフィングファイルを持ってレジデンス（住居棟）に戻っていくことが多かった。夜にじっくり資料を読み、朝になるとすっかり頭に入れている。そんな大統領だ」

翌29日朝、大統領は、南部アラバマ州の竜巻被害の視察に出かける予定だった。ホワイトハウスの南庭には大統領専用ヘリ「マリン・ワン」が待機している。その庭への出口のそばにある「外交ルーム（ディプロマティック・レセプション・ルーム）」には朝８時から、国家安全保障アドバイザーのドニロン、ホワイトハウス事務方トップの首席補佐官であるデイリー、当時大統領補佐官だったジョン・ブレナン、そしてこのときは大統領次席補佐官だったデニス・マクドノーの４人が集められていた。大統領の結論を聞くためだった。

午前８時10分、部屋に現れたオバマは、４人に告げた。

「イッツ・ア・ゴーだ（It's a go, 作戦を進めてくれ）」

ビンラディン急襲作戦が動き出した。

こうした取材の際に私が驚かされるのは、ホワイトハウスが、政権の意思決定過程について、大統領の一言一句、一挙手一投足を詳細に記録していることだ。取材する際の壁は厚いが、いったんインナーサークルに入れれば、何時何分に大統領が何を言ったのか、という詳細な中身を聞くことができる。そこには、仮に決断に誤りがあった場合、事後的に検証できるように詳細な記録を残しておくという政権の考え方が存在する。

日本政府を取材すると、こうした記録がきわめてあいまいで、残っていても私的なメモであったり、当事者たちの記憶にしかなかったりすることが多いことに気づく。決断の背景やプロセスを意図的にあいまいにして事後的な検証を阻み、責任をとらずにすむようにしていると感じる日本と、記録を徹底的に残そうとする米国の間の考え方の違いは、両国のリーダーシップの質にも影響を与えていると感じる。

▼実は、前日に

話をビンラディン急襲作戦に戻す。

オバマが29日朝に「ゴーサイン」を出したことで、ビンラディン急襲作戦は実行段階に入った。ただ、その後、オバマは側近にこう明かしていた。「実は(一晩考えたいと言った)28日、その夜就寝するまでには決断しようと心に決めていた。その通り、28日夜の時点で腹を固めた」

オバマは、28日の2時間に及んだ秘密会議の終盤には、作戦にゴーサインを出すことを決めていたのだろう。しかし、夜、1人になったときに、資料を見ながらもう一度じっくり考えることをオバマは選んだ。

重大な決断だけに、即決せずに、もう一度、すべてのメリットとディメリットを並べて1人でじっくり考える。そこには、超大国の首脳としてのオバマの統治スタイルがみえる。

29日午後、大統領専用機でフロリダを経由してワシントンに戻る途中のオバマに、連絡が入った。
「天候不順のため、作戦は1日延期します」

オバマは30日も、ドニロンらと電話で情勢分析を続けた。その日の夜は、ホワイトハウス記者協会が主催する毎年恒例の「記者協会ディナー」だった。参加していたトランプを、オバマが徹底的にこき下ろしたことで知られる2011年のディナーだった。

1500人超のゲストが集まり、アカデミー賞俳優のショーン・ペンなども出席している華やかな席だった。私は、派手な雰囲気にとまどいながらも、慣れないタキシード姿でテーブルについていた。

壇上のテーブルについたオバマ大統領は、いたってにこやかだった。周囲との会話に笑顔で応じ、とてもリラックスしているように見えた。

2011年4月30日，オバマは記者協会ディナーの最中も笑みを絶やさず，ポーカーフェイスを貫いた（著者撮影）

ポーカーフェイス

ホワイトハウス記者協会ディナーには、毎年、人気コメディアンが登壇し、大統領をこき下ろすのがお約束だ。この日は、米NBCテレビの人気番組『サタデー・ナイト・ライブ（SNL）』に出演するセス・マイヤーズ（Seth Meyers）がスピーチに立った。

2011年5月1日，ビンラディン急襲作戦中，作戦室で状況を見つめるオバマら政権幹部たち(ホワイトハウスのアーカイブから)

マイヤーズは「みんなは、ビンラディンはアフガニスタンの山に隠れているって思っているけど、実は彼が、(米議会の議事などを放映する)C-SPANで毎日4時から5時まで番組やっているって知ってた?」とジョークを飛ばした。ビンラディンを米当局が10年追い続けているにもかかわらず、いっこうに捕まえられないことを茶化した冗談に私たちは大きな笑いに包まれた。

すぐ横にいるオバマに目を向けると、本人も白い歯をみせて大笑いしている。

そのとき、すでにオバマがビンラディン急襲作戦を命じていたとは、私は知る由もなかった。

ポーカーフェイスを貫き、私たち記者に笑われるがままに任せ、自分も一緒に笑顔をみせる大統領の姿は、あとで振り返るとすごみさえ感じるものだった。

▼作戦はスタートした

翌5月1日の日曜日。

晴れ間がのぞく朝、オバマはいつも通り、アンドリュース空軍基地にゴルフに出かけた。ストイックに大統領職に向き合うオバマにとって、ゴルフは唯一の息抜きともいえるものだった。

しかし、いつもは18ホールをプレーするゴルフを、オバマはこの日、半分の9ホールで切り上げる。オバマはホワイトハウスに戻り、午後2時に作戦室（シチュエーションルーム）に入った。

そのころ、アフガニスタンのジャララバードから、海軍の特殊部隊「ネイビー・シールズ」たちを乗せた特殊なヘリコプターが飛び立った。

オバマは何度か出たり入ったりしたあと、午後3時半に作戦室に戻ってきた。そこで高官はオバマに作戦が最終段階に入ったことを告げた。国境を越えて、パキスタンに入っていた特殊部隊が、ビンラディンが潜伏する北部のアボタバードの邸宅に突入を始めた瞬間だった。

作戦室には、作戦の進行状況がモニター画面とともに、刻一刻と伝えられる。

途中、ヘリコプターの1機が機械の故障で墜落したが、予備のヘリを使うなどの代替案に移行して、作戦は継続された。

大統領やゲイツ国防長官、クリントン国務長官らが「数分間が、数日のように感じられた」（ブレナン大統領補佐官）という緊迫した状況を見つめ続けた。

「ジェロニモ、EKIA」

ビンラディンの作戦上の標的名は「ジェロニモ（Geronimo）」だった。

シールズの隊員たちは3階建ての住居を捜索し、3階部分にいたビンラディンを発見し、射殺した。

そして現場から、作戦室に「ジェロニモ殺害（Geronimo EKIA）」との報が伝わった。

EKIAとは、Enemy Killed In Action（エナミー・キルド・イン・アクション、敵を作戦中に殺害）の頭文字をとった略語だった。

「やつを仕留めたぞ(ウィー・ゴット・ヒム、We got him)」。オバマは作戦室から大統領執務室(オーバル・オフィス)に戻り、スタッフにそう告げた。高官は「米メディアは作戦室でその言葉を言ったと報道しているけれど、実際はオーバル・オフィスに戻ってから言ったんだ」と私に話した。

ただ、ビンラディンを殺害したあとも、オバマは作戦を終えた隊員たちが無事にパキスタン国境を越えられるかを強く心配していたという。特殊部隊が、作戦を知らされていないパキスタン軍と交戦になるおそれもあったからだ。

午後6時すぎ、部隊が無事、パキスタン国境を越えてアフガニスタン側に入ったことがオバマに報告された。

「大統領はそのときになって、初めて安堵した」と政権高官は私に明かした。

ツイッターで広がったニュース

1日の日曜日に起きたビンラディン急襲作戦についてのこうした詳細を私が取材できたのは、週明けになってからだった。

1日の日曜夜にくつろいでいた、私たちホワイトハウス担当記者が最初にこのニュースを知ったのはツイッターによってだった。

前国防長官のドナルド・ラムズフェルド(Donald Rumsfeld)の首席補佐官だったキース・アーバン

(Keith Urbahn)が、「信頼できる筋からの情報によると、ビンラディンが殺害されたようだ」とツイートし、それは瞬く間に拡散した。

まさかビンラディンが殺害されるとは予想もしていなかった私は、そのニュースにとても驚いたことを覚えている。私を含めた記者たちは大慌てでホワイトハウス高官と連絡をとった。

「米軍が、ビンラディンを殺害したのですか」

私の問いかけに、高官は「申し訳ない。大統領が声明を発表する前の段階では私はコメントできないんだ」と答えた。

大統領が声明を出す、ということはビンラディンの殺害が発表されるのだろうと予想はつく。しかしこれではホワイトハウスから確認がとれたことには全くならない。残念ながら私は高官からのコンファームを得られないまま、大統領の演説を聞くことになった。

2011 年 5 月 1 日，ビンラディン急襲作戦を終え，ホワイトハウスのイーストルームから演説に臨むオバマ（ホワイトハウスのアーカイブから）

「正義は貫徹された」

オバマは5月1日午後11時35分、歴史的なテレビ演説に臨んだ。ホワイトハウス1階の長い赤絨毯を歩いてきたオバマは、演台に立ち、前をじっと見据えてこう語った。「我々は、ビンラディンを殺害した。正義は貫徹された」

オバマの演説を受けて、未明にもかかわらず、ホワイトハウスの周辺には、大勢の人たちが集まってきた。手には星条旗を持ち、「ＵＳＡ、ＵＳＡ」の大合唱になった。

翌朝、私がワシントン郊外にある自宅から外に出ると、家の前の通りの電柱に、ずらりと星条旗が掲げられていた。隣人のスティーブが近所の人たちと、電柱ごとに一本一本、星条旗をかけていったものだった。普段は独立記念日などに掲げる旗だ。

２００1年9月11日に、航空機がワールド・トレード・センターに突っ込むなどして、約３０００人の命が失われた米同時多発テロ。それに対する米国社会の強い強い怒りと、だからこそ首謀者であるビンラディンが殺害されたことを支持する米国民一人ひとりの思いの深さを、私は改めて感じた。

8章では、こうしたオバマの政権運営や外交をトランプがどう変えたのかを考える。その新たな状況のもとで、日本の進路はどうあるべきなのかへと議論を進めたい。

第8章

オバマからトランプへ、そして日本の進路

2017年2月10日，ホワイトハウスの大統領執務室で握手する安倍とトランプ．トランプはじっと安倍の顔を見つめ，「ぎこちない握手」と評された

北朝鮮との「大きな紛争」

「北朝鮮との間で、大きな、大きな紛争になる可能性がある（There is a chance that we could end up having a major, major conflict with North Korea）」

２０１７年4月28日、政権１００日の前日にトランプがロイター通信に語った言葉は衝撃的だった。トランプが暴走気味の発言をよくするとはいえ、北朝鮮との戦争の可能性に、米軍の最高司令官である大統領がはっきりと言及するのはいくら何でも異例だからだ。トランプは大統領就任直後から、北朝鮮を牽制する発言を続けてきたが、ここまで踏み込むのは初めてだった。

さらに私が非常に興味深く感じたのは、トランプが、北朝鮮の独裁者である朝鮮労働党委員長の金正恩を、同時にかなり持ち上げていたことだった。

「（独裁者の座についたとき）彼は27歳だった。彼の父が死に、政権を引き継いだわけだ。それは、簡単なことではないですよ、特にその年齢ではね」

自分自身も父親から事業を引き継いだトランプが、金正恩の立場を推し量るような発言である。北朝鮮で圧政をしいている独裁者に対して、米国の大統領が、ふつう言うようなことではなかった。

硬軟を使い分ける姿勢に、私は、トランプは金正恩との対話に本気なのだと感じた。

これらの発言から3日後の5月1日、トランプはブルームバーグ通信のインタビューで、「もし私にとって彼と会うことが適切なら、そうすることを光栄に思う（If it would be appropriate for me to meet with him, I would be honored to do it)」と対話に向けた意欲をさらに踏み込んで口にした。

外交と理想主義のオバマ

北朝鮮への対処を重視するトランプ政権の姿勢は、消極的だったオバマ政権時代の政策を大きく転換するものだ。

オバマ政権時代、私はホワイトハウスの高官たちに「北朝鮮と直接対話する気はないのか」と何度か聞いたが、「北朝鮮が、朝鮮半島の非核化に同意しない限りは、直接対話には応じない」という原則論を言われることが多かった。オバマ政権が残り1年近くになっていた2015年末にも、残り1年のレガシーづくりで北朝鮮との対話がありうるのではないかと考えて、政権中枢の高官に問いかけてみたことがあったが、もう時間がない、というニュアンスだった。

オバマ外交の導師《グル》と呼ばれ、キューバとの秘密特使も務めた国家安全保障副アドバイザーのベン・ローズは、私のインタビューに答え、オバマ外交の本質について、こう語っていた。

「私たちが政権に就いたとき米国は二つの戦争をしており、我々の外交政策は(この二つの戦争に)支配されていた。私たちはテロリストを追い続けるだけでなく、問題解決や米国のリーダーシップを世界に示すうえで、外交の力を再活性化させたいと考えていました」

そこには軍事力に頼るのではなく、外交力に力を入れようとした考え方がはっきりとみてとれる。

またローズは、「私たちはこれまでの米国の外交政策であまり関心が示されてこなかった課題に焦点を当てたいと思っていました。気候変動や核不拡散、ある一定の地域での開発政策などでした。それが、パリ協定、イランとの核合意、新START（ロシアと合意した新戦略兵器削減条約）につながりました」とも話し、環境問題など従来は地味だと思われていた政策に注力してきたことを強調した。

オバマ外交は一言で言えば、強靱な理想主義によって成り立っていたと思う。

軍事力による現実主義のトランプ

ただ、残った課題があった。

「核を持つ北朝鮮」という現実的な脅威である。オバマがいわば後回しにしていた日本にとっての安全保障上の最大の脅威に、トランプは真っ先に取り組み始めた。

外交力を前面に押し出していたオバマとは正反対に、トランプは軍事力を前面に掲げ、大統領自ら北朝鮮を威圧するような言葉を発する。オバマが強靱な理想主義だったのと比べ、トランプは苛烈なまでの現実主義、ディール（取引）主義へと米国の方向性を180度転換した。

トランプ政権に近い関係者によると、いま政権が最も神経をとがらせているのは、北朝鮮における大陸間弾道ミサイル（ICBM）の開発の進展だ。

特に2017年7月4日に、北朝鮮が発射したミサイルが、約40分間も飛び、過去最高の2500キロ超という高度に達したことに米国側は衝撃を受けた。5月14日の弾道ミサイル発射に続く挑発だ。その飛行経路と到達高度は、「実質的なICBM」との受け止めが出ているという。

米国側は、北朝鮮によるICBMで、米西海岸が攻撃可能になる事態をおそれており、それを防ぐためなら軍事攻撃も辞さないという検討も真剣におこなっている、と関係者は明かす。

ただ、無用な緊張を高めることに一番慎重なのは、実力部隊である米軍だ。

国防長官のマティスは５月28日、米ＣＢＳのインタビューで、北朝鮮との軍事衝突について、「破滅的な戦争になるだろう、もし戦闘となれば、もし我々がこの状況を外交的な手段で解決することができなければ（it would be a catastrophic war if this turns into combat, if we are not able to resolve this situation through diplomatic means）」と述べた。

米国では１９９４年、北朝鮮との軍事衝突の危機が高まった。94年当時の国防長官、ウィリアム・ペリー（William Perry）の講義を、私はスタンフォード大で客員研究員をしていた２０００年に受けたことがある。そのときのペリーの説明は非常にビビッドで、驚くものだった。ペリーは講義で、北朝鮮への軍事行動に備えて、数百の戦略オプションを大統領のビル・クリントンに示していたことを明かし、こう言った。みなさんが思っているよりも、ずっと戦争に近づいていた――と。ただ、想定される米軍や韓国軍、市民の犠牲者数が多すぎ、結局、クリントンは軍事行動を見送ったという。

軍事ジャーナリストの田岡俊次によると、当時、在韓米軍による損害想定は、「90日間で米軍の死傷者５万２０００人、韓国軍の死傷者49万人、民間人の死者は１００万人以上」だったという。

マティスが言う「破滅的な」とは、こうした過去の想定を踏まえて語ったものだろう。

取材していて感じるのは、圧倒的な軍事力を持つ米軍ほど、最悪のシナリオを想定しながら準備を進めており、軍事的な挑発に慎重だということだ。自らが挑発的な言葉を口にするトランプは、きわめて例外的だ。

日本の安倍政権は、北朝鮮に対して、圧力を強める必要性を語ることが多い。ミサイル発射を繰り返す北朝鮮に対し、国連安全保障理事会が6月2日（日本時間の3日）に、追加制裁決議を採択した際にも、首相は「北朝鮮に対する圧力を更に強化すべく、この安保理決議を着実に履行し、その実効性を確保することを含め、引き続き関係国と緊密に協力していく」とのコメントを出した。

軍事衝突の際に危険なのは、関係者たちが過激なレトリックを繰り返し、緊張が高まっていき、偶発的な計算違いが起こって、実際の戦闘に発展するケースだ。

だからこそ、私は、トランプと金正恩の双方がレトリックを強め合っていく現状は、思わぬ計算違いが起こりかねず、危険だと感じる。

日本は自らが被るリスクや被害想定をどの程度リアルに計算しているのか。それに対する備えがどの程度あるのか。ホワイトハウスの国家安全保障会議（NSC）を数年間取材してきて、私は、日本にも、「圧力」を声高に強調するのではなく、国防長官のマティスのように最悪に備え、冷静かつ周到に準備し行動する姿勢が必要なのではないかと、強く思う。最近、オバマ政権の元高官は私に、「日本は現実に北朝鮮のミサイル攻撃の対象になるおそれがあるわけだが、それが本当に認識されているのだろうか」と問いかけてきた。

▼米中の深い関係

北朝鮮問題を外交的に解決するうえで、いまトランプが頼っているのは、中国の国家主席、習近平だ。２０１７年7月はじめの時点で、中国が北朝鮮に期待していたほどの影響力を及ぼせていないことに米政権内には失望感はあるが、中国の役割を重視する基本姿勢に変わりはない。７月８日の米中首脳会談でも、トランプと習は、４日に大陸間弾道ミサイル（ＩＣＢＭ）を発射したばかりの北朝鮮への対応を膝詰めで話し合った。

「彼はいい人だ。彼はとても良い人だ。彼とは（先日の米中首脳会談で）非常によく分かり合うことができた」

これはトランプが4月28日のロイターのインタビューで、習近平について語ったものだ。とにかく、トランプは4月はじめの米中首脳会談以降、習を褒めちぎっている。北朝鮮問題での協力を求める打算が当然あるだろうが、感情がすぐに表情に出るトランプの気質からすると、私は、トランプは、習と本当にウマがあったと思って、親しみを覚えているのではないか、と感じることが多い。

2月に安倍と会談したときには、トランプが親近感を抱いている代表格は安倍だったが、４月、５月はトランプが口に出したり、ツイッターで褒めたりするのは、習であることが多かった。

日本では、米中が接近していることが報じられることは少ないと思う。米中首脳会談の際の日本国内の報道は、米中の相違点や対立点にばかり焦点があたり、全体として米中の信頼関係が進展している部分はあまり報じられていないように私は思う。

4月の米中首脳会談の際も、日本メディアの間には「進展は少なかった」というトーンが多かったが、トランプ政権に近い関係者は私に、「首脳会談の席上でのシリア攻撃の通知は習主席を驚かせた。トランプのほうが一枚上手で、信頼関係が構築できた。特に北朝鮮問題では本音の部分でかなり深い

2017年2月10日，日米首脳会談後の共同記者会見で，日本人記者の質問を聞くトランプと安倍

話ができ、習は『中国のやり方で対応させて欲しい』と約束した」と成果を語っていた。その後の中国の行動や、トランプの言動はそれを裏付けるものだった。

私は、日本の政権やメディアの間には、「米中は対立していて欲しい」という願望のようなものが投影されていると感じることが多い。それで米中関係が進展していることに、日本は目をそむけているのではないか、と感じる。

2月に安倍がホワイトハウスを訪れ、トランプと共同会見をしたときの光景は印象的だった。

安倍首相同行の日本の記者は、トランプに対し、「中国が東シナ海や南シナ海で強硬姿勢を強め、北朝鮮がミサイル開発を続けるなかで、米国はどう対処するか」「大統領として、中国の為替政策を問題視する発言を続けているが」という2点について聞いた。ホワイトハウスの中継では日本語が聞こえず、質問の英語の訳はやや誤訳があるようで分かりにくい部分があったが、全体として、トランプの中国への強い姿勢の有無を問う質問のように聞こえた。

これに対する、トランプの答えは、やや拍子抜けするような内容だった。

「私は、とてもとても良い会話を、みなさんの大半がご存じのように、中国の主席と昨日したところだ。それはとてもとても、温かい会話だった。我々は、非常にうまくつきあっていく過程にある。それは、日本にとっても非常に利益が大きい。（中略）我々は、中国のさまざまな代表と話し合っている。そうした形でうまくいくことはみんなにとって良いことだ。中国、日本、米国、そして、その地域のすべての国にとって」

さらにトランプは中国の為替問題については、「(米ドルに対する他国の)通貨の切り下げについては、私は長い間、不満を言い続けている。いずれ、我々はみな、多くの人たちが考えるよりずっと早く、我々はみんな公平な条件になるだろう、それが公正になる唯一の道だからだ」と答えた。

トランプの答えは、中国についてというよりは、日本も含めた地域全体の話のようなニュアンスだった。そして、この会見の2カ月後、トランプは中国を為替操作国に認定する、という公約をあっさり取り下げ、北朝鮮への対応で習との協力を打ち出した。

習政権との長い関係

実は、習近平と、米国の政権との関係は長い。

それは、習が国家主席に就任する1年半前の2011年8月にさかのぼる。

オバマの右腕である米副大統領のジョー・バイデンが訪中し、当時は国家副主席だった習と長時間の会談をおこなったのだ。北京だけでなく、バイデンの訪問先の四川省まで習は出向き、2人は6日間で計6回にわたり、会談や視察をともにした。

私は、数人の米主要メディア記者に交じり、外国人記者として唯一同行した。習は、四川省ではバイデンとバスケットボールに興じるパフォーマンスまでし、異例の厚遇で迎えた。2人で話しながら歩くバイデン・習両氏を数メートルほどの近さで取材するなかで、習が、対米関係の安定に並々ならぬ意欲を燃やしていることを肌で感じた。

ホワイトハウスは、習を「決断力があり」「タフな相手でもある」と高く評価し、それがオバマ政権と習政権の関係につながっていく。

2013年3月に中国国家主席に就任した習は、13年6月、カリフォルニア州パームスプリングス近郊で、オバマ大統領に会った。2人は2日間で、計約8時間にわたり会談した。その2年前の「バイデン―習」会談とそっくりだった。
このときの「オバマ―習」会談から2人は、米中が折り合えるテーマとして地球温暖化対策を選んだ。それから1年半後の2014年11月、北京での米中首脳会談で、両国は、温室効果ガス削減で、それぞれ新たな目標を掲げることで合意する。この米中合意が、2015年12月のパリ協定へとつながった。あるオバマ政権高官は中国との関係について私にこう明かしたことがあった。「信頼しているというところまではいっていないが、米中は、相手の出方がだいたい読めるビジネスライクな関係になりつつある。米中関係は深まっているね」

トランプも中国重視

オバマが習と力を合わせて実現したパリ協定について、トランプは2017年6月1日、「米国はパリ協定から離脱する」と表明した。

あらゆる分野で、オバマの政策を180度転換しようとするトランプの姿勢は、依然として健在だ。

ただ、トランプは中国との関係を巻き戻すことは結局しなかった。むしろ、トランプは習との信頼関係に傾倒していっているようにみえる。

ホワイトハウスを取材していて感じるのは、米中が直接話し合う課題が増えるほど、日本の戦略的価値が低下する、という現実だ。

日米関係を深めるうえで、日本は「米国の知らない中国の深い部分の情報やルートをつかんでおく」ことがきわめて重要だと感じる。

現状のように、中国と日本の関係が疎遠になればなるほど、米中が直接結びつく公算が大きくなる。

一例は、今回の北朝鮮問題だ。

トランプ政権に近い関係者は、米朝が中国を仲介者にして直接対話に踏み切る場合のシナリオの一つとして、まずは「これ以上の核実験やミサイル開発の凍結」といった案が検討される可能性を示唆する。米国にとっては、北朝鮮のＩＣＢＭ開発を止め、米本土が直接攻撃されないことが優先されるためだ。

仮にそうした検討がなされ、万一暫定的な合意にいたった場合、核を保有する北朝鮮が事実上認められることになる。米国にとっての脅威は払拭され、中国にとっては地域の緊張の高まりが解消される一方、日本にとっては「近距離や中距離の核を持つ北朝鮮の脅威は固定化されてしまう」ということになるおそれがある。

私は、安倍首相がオバマ政権の反対を押し切って、ロシア大統領のプーチンとの協議を続ける判断をしたことは戦略的に正しい選択だったと感じる。北方領土問題を解決したい日本にとって、ロシアとの関係を絶つことは戦略的にあり得ないからだ。オバマ政権高官も政権末期には、西側の結束を乱さないようにというクギは刺しつつ、「日本の立場も理解はしている」と私に話していた。

対ロシアのような戦略的な関係改善を、日本は対中国でも進めるべきだと、私は強く感じる。

「ぎこちない握手」

安倍首相がトランプ大統領と親密な関係を築いたことは大きなプラスだと思う。

ただ、やや気になるのは、2人だけの会話で、どのような約束をしているのか、という点だ。

トランプと安倍が2017年2月10日、ホワイトハウスの大統領執務室(オーバル・オフィス)で会った際の長い握手は米欧メディアの記者の間で話題になった。

写真撮影向けとはいえ、妙に長い握手だったからだ。私もあとになって、米主要メディア記者から、「なんであんなに長い握手だったんだ?」と聞かれるほどだった。

英BBCが「ぎこちない握手(awkward handshake)」と報じた背景にあったのは、ちょっとした行き違いによるものだったことが、動画を見ると分かる。

トランプと安倍の日米首脳会談の冒頭、大統領執務室に報道陣がなだれ込むと、暖炉の前の椅子にトランプと安倍が座っていた。2人はそこで握手し始めた。

すると日本人のカメラマンから、日本語で「総理、こちらお願いします」「こちらもお願いします」と何度も声が飛ぶ。カメラのレンズのほうに視線をください、という意味だった。

何度も何度もその同じ日本語が大統領執務室を飛び交ったことから、トランプは、安倍に向かって、尋ねた。「彼らは何て言ったんですか？（What did they say?）」

安倍はこう答えた。「どうか私を見てください、です（Please look at me）」

するとトランプは、そういうことかといった感じで「ああっ」と言い、安倍のほうをじっと見つめ始めた。安倍はカメラマンの日本語を直訳しただけだったが、トランプは、安倍から「私を見てください」と言われたのだと勘違いしたのだった。

「カメラマンたちは、レンズを見てくださいと言っているんですよ」とトランプに訳すべきだったのだろうが、安倍が「私を見てください」と言ったことで、トランプはカメラでなく安倍の顔を見つめ続けた。握手は約20秒に及び、妙な雰囲気だった（8章の扉の写真）。

トランプと安倍は大統領執務室での会談と記者会見のあと、フロリダ州に飛んだ。そして、4度食事し、ゴルフを27ホールもプレーし、11時間以上一緒に過ごした。トランプ政権に近い関係者から私は、「2人はかなりウマがあった。親密に話し合える関係になった」と聞いた。

米国に安全保障を頼っている日本にとって、米大統領との親密な関係は言うまでもなく大事だ。そのなかで、トランプに当選直後に会いに行き、2月にも異例の長時間にわたって一緒に過ごしたことは、信頼関係を築くうえで、大きなプラスだったと思う。いわば、トランプの懐に飛び込んで信頼を得た、というところだろう。

ただ、首脳外交として、日本に対する出方がはっきり分からなかった大統領のトランプと、首相の安倍が長時間2人で過ごすことを許した首相官邸や外務省の判断に、私は危うさも感じる。「取引（ディール）外交」を好むトランプが、安倍にどんな要求を個人的に持ちかけるか分からず、随行員がろくにいないなかでは簡単に断れない局面も十分考えられるからだ。

だからこそ、私がホワイトハウスを取材してきたなかでは、今回のような首脳会談はこれまではなかったのだと思う。２０１３年のオバマ―習会談も、会談の時間こそ長かったが、首脳が２人だけで過ごす時間は限られていた。

私が関係者たちから取材する限りでは、今回、トランプと安倍の2人の間で、北朝鮮情勢やその対応についてのかなり突っ込んだやりとりはあったようだが、日米交渉については具体的な話にはあまりならなかったとも聞いた。関係者は「トランプ政権側にまだスタッフがそろっておらず、日本に対する具体的な政策づくりに至っていなかった」と明かした。

首脳会談について、日本メディアの記事のなかで、非常に気になった報道があった。日経新聞が2月14日の朝刊3面に短く載せた、「『性格分析リポート』奏功？」という見出しの記事だ。

首相の安倍が、複数の心理学者にトランプの性格分析を頼み、Ａ4の一枚紙に対策をまとめて、首脳会談に臨んだ、というものだった。その紙には、「トランプ氏の話を聞いたらまずは否定せず『イエス』と答える」「トランプ氏は知らないことを言われるのを極めて嫌う」などの項目が並んでいたという。

まさか首脳会談でその手法がそのまま実行されたとは思えないが、そうした首相向けのアドバイスがもし存在していたのなら、それだけで驚きだ。一国のトップ同士が向き合う首脳会談は、国益がぶつかり合う場だ。首脳同士が具体的にどんなやりとりをしたかは、記録として残り、その後の2国間関係や外交交渉を左右する。

特にトランプは、５月にＦＢＩ長官のコミーを解任した直後に、「コミーは、我々の会話の録音テープは存在しないと期待しておいたほうがいいよ」とツイートし、物議をかもした。これに関連して、米メディアでは「トランプは、以前から自分の会話を録音していた」といった内容の報道が相次いだ。トランプは６月に「録音テープ」を「否定」したが、トランプと安倍の会話の録音があってもおかしくはないと感じる。

トランプと安倍が、２人で何を話していたのか。私は、両者の信頼関係構築は大きな成果だったと思う一方で、会話の中身がどんなものだったのか、一抹の不安を感じる面もある。

▼日米交渉の行方

２月のトランプと安倍の日米首脳会談では、経済交渉をおこなう「日米経済対話」という枠組みがつくられることになった。米国側は副大統領のマイク・ペンス、日本側は副首相兼財務相の麻生太郎がトップを務め、４月にペンスが来日し、経済対話がスタートした。

ただ、私がトランプ政権に近い関係者から３月に聞いていたのは、「トランプの経済、貿易政策を担うのは、むしろ商務長官のウィルバー・ロスだ」という話だった。

実際、ロスは、４月のペンスの訪日と同時に日本を訪れ、経産相の世耕弘成に会っている。ロスは５月に朝日新聞の単独インタビューに、「我々の希望は、最終的に日米の自由貿易協定（ＦＴＡ）を結ぶことだ」と明確に語り、日米ＦＴＡを結ぶことがトランプ政権の第一目標であることは確かだ。

私がやや気になるのは、米国側が、「構造」を話すことに関心を持っている点だ。１９８０年代、

90年代におこなわれた日米構造協議では、米国の対日赤字を減らすため、米国から日本に対してさまざまな要求が突きつけられた。

4月の日米経済対話の際にも、日米の共同報道発表として、ホワイトハウスは、日米経済対話が今後、「貿易と投資のルールと課題についての共通の戦略(Common Strategy on Trade and Investment Rules/Issues)」「経済政策と構造政策についての協力(Cooperation in Economic and Structural Policies)」「分野別の協力(Sectoral Cooperation)」の3分野で話し合われる、と説明していた。構造を意味する「ストラクチュラル(Structural)」が大きな柱の一つになっていることが私は気がかりだ。

トランプは2016年の大統領選中、「日本がネブラスカの牛肉に38%の関税をかけたいのなら、日本車に同率の関税をかける」「日本は円安誘導している」と批判し続けてきた。

「トランプ—安倍の蜜月」のなかで、いまはそうした強い要求は影を潜めているが、ロシア疑惑の深まりでトランプが米国内の政局で行き詰まれば、外国に矛先を向ける可能性は十分あり、流れがいつ転換してもおかしくないと私は感じる。

そうした状況で今春私が、トランプ政権に近い関係者から聞いたなかで特に気になったのは、為替を巡る話だった。

プラザ合意2・0

それは、政権内部の検討事項の一つとして、為替相場をレンジ(幅)でコントロールする、というアイデアがある——というものだった。つまり、1ドル=100~110円といった形で、為替が動く範囲の目標を共有するというようなイメージだ。それを複数の国とおこないたい、というような話だった。

まだ星雲状態のような話ではあったが、それは、「1985年のプラザ合意」級のインパクトがある「プラザ合意2・0」というべきものだ。

1985年のプラザ合意は、その後の日本の内需拡大策を生み、それがバブル経済の発生と崩壊を招き、いまに至る日本の「失われた20年」につながっている面がある。

「為替相場をレンジでコントロールする」――というアイデアを聞いたとき、私はトランプが2月に安倍と日米首脳会談をおこなったあとの記者会見でこう言っていたことを思い出した。

「通貨の切り下げについては、私は長い間、不満を言い続けている。いずれ、我々はみな、多くの人たちが考えるよりずっと早く、我々はみんな公平な条件になるだろう、それが公正になる唯一の道だからだ」

トランプの真意はまだ分からないが、ドル安を志向していることは確かなようだ。それは、広い意味では、米ドルを安値に導く「為替相場のレンジでのコントロール」という方向性には合致しているように思える。

私は2月のトランプ発言を反芻しながら、それが日本にもたらす影響を考え、ぞっとした。

▼「米海軍と海上自衛隊の一体運用」

同時に、日米の安全保障体制で、トランプ政権の狙いはどこにあるのだろうか。

トランプは、2016年の大統領選中は、「(日本が同盟国として)応分の負担をしなければ、日本を守ることはできない」と、駐留経費の日本の負担増を求める考えを繰り返し口にしていた。

ところが2月の日米首脳会談では、トランプは安倍に駐留経費負担増を求めなかった。

安倍も首脳会談直後の2017年2月13日のNHKテレビで、「在日米軍の駐留経費や日本の防衛費について、(トランプ米大統領からの)言及はまったくなかった。この問題は終わった。ただ、いままで以上に役割を果たしていかなければならない」と語った。

いったい何があったのか。トランプ政権に近い関係者は3月、私に「むしろ、米海軍と日本の海上自衛隊の一体運用を進めていきたいというのが、今後の方向性だろう」と明かした。

そして、「5月に、海上自衛隊の護衛艦『いずも』が、米軍の艦船と一緒に南シナ海を航行する可能性が検討されている」とも語った。

私は半信半疑だった。

米海軍と、日本の海上自衛隊の艦船が、中国が強硬姿勢をむき出しにする南シナ海で、並走することなど考えられないと思ったからだ。ただ、「IZUMO(いずも)」とこの関係者が3月時点で明言したことが妙に引っかかった。

5月1日、海上自衛隊の護衛艦「いずも」が海自横須賀基地を出て、房総半島沖周辺から並走したのは、米海軍の補給艦だった。海自にとって初めての米艦防護だった。

そして、「いずも」はシンガポールへと向かい、5月15日、シンガポールで同国の海軍主催の国際観艦式に参加した。南シナ海ではなかったが、「いずも」は5月に米艦船と日本近海の太平洋で並走した。そして、東南アジアの方向に航行していった。

２０１５年9月に成立し、翌16年3月に施行された安全保障関連法は、日本の戦後の安全保障政策を大きく変えるものだ。そして、「安全保障関連法制の肝は米艦防護だ」といわれる。米軍との一体運用が狙いであり、米艦防護はそのための大きな第一歩だからだ。

3月に聞いた関係者の「予言」が、２カ月後に、半ば的中したことに、私は衝撃を受けた。

それは、メディアの私たちが気づいている以上に、安全保障面での、トランプ政権と安倍政権の連携が深まっていることを示唆していた。

日本の進路は

ただ、ロシア疑惑による打撃で、トランプ政権は米国内ではいま弱体化している。仮に、大統領弾劾の手続きが進み始めれば、米国の影響力はさらに低下していく可能性があると感じる。

そうなったとき、トランプが外国や海外に目先を向けるのではないかと、私は思う。

国内政治を動かせなくなったとき、ホワイトハウスは、外交に目先を転換することが多いからだ。

前任のオバマも、上下両院を共和党に握られて国内の大改革がのぞめなくなったとき、目を向けたのは海外だった。それが、イランとの核合意であり、キューバとの歴史的な国交回復だったと思う。外交は、ホワイトハウスや国務省など米政権の専権事項という色彩が強いためだ。

トランプが、外交に目を向けるとき、矛先がどこに向かうのかを想像するのは簡単ではない。

しかし、トランプの大統領選中の公約を考えれば、米国の貿易赤字の縮小や、米国の安全保障負担の軽減に向かう可能性を考えるのが現実的だと、私は思う。

そのとき、日本にとっては、対米貿易黒字の縮小を迫られ、安全保障上の役割の増大を求められることは十分にありうるだろう。

そして、米国と中国、米国とロシア、という日本周辺の地政学的状況に大きな影響を与える大きな2国間関係がどう変化するのかを見極めることも日本にとって肝要だと思う。

4月上旬の米中首脳会談で、それまで疑心暗鬼の状態だった、トランプと習の関係が、一気に改善したのは、私にとって驚きだった。中国が米国への協力を急に深めることは考えにくいが、北朝鮮という共通の課題があるなかで、トランプと習は対話を重ねる必要に迫られている。

ロシア疑惑の影響で、米国とロシアの関係は最悪の状況にあるといわれるが、トランプはロシアとの関係改善に向けた意欲がもともと強いだけに、状況は急に変化する可能性もある。

日本が、米国一辺倒の外交ばかりを続け、中国やロシアとのパイプを細らせれば、米国と中国、米国とロシアが、接近していったときに、米中ロの3者の話し合いで日本の運命を左右されることになるおそれが出てくる。そのことを私は危惧する。

そうならないために重要なのは、日本が米国との強固な関係をさらに深めることに軸足を置きつつ、中国とのパイプを深め、ロシアとの交渉を重ねることだと思う。

その意味で、私は、安倍政権がトランプ政権と強固な関係を築き、ロシアの独自外交も進めていることは重要だと感じる。ただ、中国との関係が弱いことは、日本の戦略上の地位を低くしているだけに、気がかりだ。また、トランプ政権に対しても、時には「ノー」をつきつけることができ、さらに、時には米国の説得役になれるのかどうかは、心もとない。

▼ろくなことがなかった過去の「日米蜜月」

振り返ってみれば、日米の首脳が「蜜月」だったとき、実は日本の国益にとってはマイナスだったと言わざるを得ない結果が生じている。

１９８０年代、ロナルド・レーガンと中曽根康弘の「ロン・ヤス」関係は、レーガンと親密な関係を築いた中曽根の姿が日本人のプライドをくすぐったが、政策的には重い帰結を生んだ。

１９８５年のプラザ合意である。プラザ合意で日本は、急激な円高を受け入れることになる。内需拡大のために急激な金融緩和をおこなったことは、バブル経済をもたらし、その後バブルは崩壊。日本は、20年超に及ぶ「失われた時代」を迎えることになった。

次に日米の首脳が密接な関係をつくりあげたのは、ジョージ・W・ブッシュと、小泉純一郎のときだ。小泉は２００３年のイラク戦争開戦の際に、米国の「支持」を打ち出し、自衛隊も派遣した。しかし、開戦の根拠とされた、大量破壊兵器はイラクでは見つからず、米同時多発テロを実行した国際テロ組織アルカイダとも無関係だった。

イラク戦争を巡っては、英首相のトニー・ブレアが、開戦に賛成して、イラクを米国と共同で攻撃。ブレアはその対応が強い批判を浴び、次第に政治的な影響力が低下し、首相辞任を余儀なくされる大打撃を受けた。

▼日本は自らの羅針盤を

トランプ政権が誕生したことで、北朝鮮への米国の姿勢の変化にもみられるように、これまでの延長線上でものを考えることができなくなったことは確かだと思う。そして、トランプ政権自体が突然方向転換することも何度も起こっている。トランプ政権に近い関係者は私に、「トランプ政権は、離脱したＴＰＰ（環太平洋経済連携協定）に再加入する可能性すらある」と語った。

何が起こるのか、これまで以上に読みづらい時代に入っている。

振り返れば、日本は戦後復興の際、首相の吉田茂が「軽武装、経済重視」という吉田ドクトリンを通じ、国を戦略的に方向づけた。それは１９８０年代以降、いつしか単純な対米追従へと変質し、冷戦終了後もその傾向は変わっていないように思う。

自由や民主主義という価値を共有する米国は、日本の外交関係の中心であり、日米関係をより強固で深いものにしていく必要性は今後も変わらない。

ただ、トランプが２０１６年の大統領選中に繰り返し指摘したように、米国の国力が低下し、財政的な苦境にあることもまた事実だ。同盟国に安全保障面でも経済面でも、より多くの負担を求めるトランプの姿勢は、今後10年、20年先に米国がとりうる本音ベースのスタンスを先取りしているように、私には思える。

だからこそ、日本はいま、本音ベースの米国と向き合い、今後30年先を見据えた国の方向性を考える好機を迎えていると感じる。吉田ドクトリン以来、明確に打ち出されてこなかった日本の戦略的な外交を打ち出すチャンスだと私は感じる。

その際に基軸となるのは言うまでもなく米国との関係だ。どのように役割分担をしていくのかを率直に話し合う必要がある。ただ、それと同時に、日本は、イデオロギーや歴史問題に足をとられている現状からぬけだし、中国や韓国、そしてロシアなど日本の近隣諸国との関係を深め、より戦略的な関係を強化すべきだと思う。私がつき合ってきたホワイトハウス高官たちは、歴史問題がネックになってアジアの国々の間の和解が進まず、米国が仲介役をせざるを得なくなっている現実に強い懸念を抱いていた。それは、米国にとっての日本の戦略的な価値を低下させ、結局、日米関係にとってもマイナスになっていると私はいつも感じざるを得なかった。

日本が近隣諸国との間の関係を深めることこそが、この地域における日本の戦略的な比重を高め、より強い日米関係をもたらすことになる。そして、日本はそうなって初めて、米政権が方向を誤っているときには、それを諫めることもできるような、成熟した日米関係を築き、日本の国益を最大化できるようになると私は思う。

エピローグ　私が取材したオバマとトランプ、その素顔と孤独

オバマとはどういう人か、トランプとはいかなる人物か、世界の最高権力者とはいったいどういうものなのか――。

そこに触れることはホワイトハウス取材の一番の醍醐味だろう。

私がオバマに直接会ったのは、２０１１年12月のことだった。

米主要メディア向けのインフォーマルなパーティーがあり、そこでは、短時間ながら、順番にオバマと話すことができた。そんな会が存在することすら私は知らなかったが、取材で仲良くなったホワイトハウスのインターンたちが、特別に招いてくれたようだった。行ってみると、日本人の特派員は私ひとりだった。

大統領に「何と言おうか」と考えながら、妻と一緒に少し

2011 年 12 月，筆者が妻とともにオバマ夫妻に会った際の写真（ホワイトハウス提供）

緊張しつつ待っていると、気がついたときには、目の前にオバマと夫人のミシェルがいた。

私は東日本大震災での米国の支援のお礼を言いたいと思っていた。

「日本の震災で大変な支援をいただき、ありがとうございました」

私がそう言うと、オバマは温かい笑みを浮かべて、うんうん、といった様子で握手してくれた。ひょろっと背が高いオバマの手は大きく、雰囲気は気さくな兄貴分といったような印象だった。

大統領としてもっとハードな人物像を描いていた私は、本人のもつ柔らかな雰囲気に少し驚いた。

そのとき、私の肩口から、ニュッと手が伸びてきた。

ミシェルからの握手だった。ローヒールの靴をはいているのに、オバマと同じぐらいのミシェルの長身ぶりにただびっくりした。

記者会見の際、4、5メートルの距離で見ていたオバマは、いつもは冷静で大統領然とした風格を感じたものだったが、一度だけ、激しい怒りをあらわにしたことがあった。

2011年夏、米政府の債務不履行（デフォルト）を避けるための、オバマと、共和党の下院議長ベイナーの交渉で、合意寸前でベイナーが協議から撤退してしまったときのことだ。オバマはその日の夕方、突然、ホワイトハウスのブリーフィング・ルームに姿を現した。急な登場だったせいで、記者は私を含めて20人ほど。そんなに記者が少ない大統領会見は、私は初めてだった。「なぜベイナー下院議長が交渉から立ち去ったのか理解に苦しむ」。至近距離からは、顔から湯気が立ち上っているように見えた。激しい怒りと無念さで、オバマは唇をかんでいた。交渉にかけていた思い、それが裏切られたことへのやるせない怒りと悔しさ。だれにでも共通の、感情を制御できない、人間らしい未熟な部分と同時に、すべての最終責任を負わなければならない大統領としての孤独が見えた。合理的なリーダーだと思っていたオバマの人間味と孤高の姿、そして、その組織であるホワイトハウスも人が動かしているということを、私はそのとき実感した。

残念ながら、私はトランプとは直接会ったことがない。

ただ、2017年3月30日の午後、ホワイトハウスのウェスト・ウィングで、すぐそばで取材したトランプの表情と雰囲気は非常に印象に残った。

そのとき、トランプは、政権発足から100日までの間で最悪の状態にあった。目玉政策だったオバマケアの廃止法案は、共和党内をまとめきれずに採決の断念に追い込まれ、「大敗北」と酷評されていた。そして、ロシア疑惑は日に日に拡大していた。

ウェスト・ウィングの外に現れたトランプの表情は硬く、こわばっていた。人を寄せ付けない張り詰めた空気が、そこにはあった。テレビに映る攻撃的なトランプの姿とは別人であり、孤独感を強める大統領が、その場にいた。実はその日の朝、トランプはFBI長官のコミーに電話し、ロシア疑惑という政権を覆う「雲」を取り払うことができないか尋ねていたことが、6月になってコミーの証言で判明する。

メディアを激しく攻撃するトランプだが、ひとり

2017年3月30日，トランプの表情はさえなかった(著者撮影)

ぼっちの寂しさゆえか、実は、記者のインタビューを受けることを好む。米主要メディアの記者は私に「記者のインタビューを受けるのは、トランプにとって、自分を分かってもらう一種の精神安定剤なのかもしれない」と話したことがあった。

前任のオバマが記者のインタビューを受ける回数はきわめて限定的だった。綿密に準備し、スタッフと十分打ち合わせをしてからインタビューにのぞむオバマは、米主要メディアのインタビューもなかなか受けなかった。

それに比べ、トランプは前例にとらわれずに、気軽にインタビューを受ける。ある米主要紙では、オバマ時代の8年間で1度しかなかった大統領インタビューが、トランプになってから4カ月で2回実現した。

だからこそ、米メディア記者たちは私に、「大統領へのアクセスのしやすさという意味では、トランプのほうが実は、上なんだよね。オバマのときには、なかなか大統領にはアクセスできなかった」と明かしていた。メディアを執拗に批判するトランプが、実は依存もしている現実がそこにはあった。

トランプは4月28日、ロイターのジェフ・メイソンのインタビューで、こんな心情を吐露している。「以前の生活が恋しいよ。この（大統領職の）仕事は、私の以前の仕事よりも、仕事が多い。大統領は、もっと簡単だと思っていたんだけどね（I loved my previous life. This is more work than in my previous life. I thought it would be easier）」

大統領の仕事はもっと簡単だと思っていた――というのはトランプの偽らざる心境だろう。責任ある大統領の立場として不謹慎ではあるが、私は、そんなトランプの姿はどことなく憎めない、一種の魅力だな、とも正直思っていた。ただ、トランプがこうして記者に本音を語っていたのは、超大国のリーダーとしての孤独の裏返しのように、私にはみえた。

そして、トランプの「インタビュー好き」はいま彼に重い帰結をもたらしつつある。

ＦＢＩ長官のコミーを解任した2日後の5月11日。トランプがＮＢＣのホルトのインタビューで語ったのは、「(司法省からの)進言のいかんにかかわらず、私はコミーをクビにしようと思っていました」という本音だった。「司法省が解任を提言したのを受けて、それをトランプが受け入れただけ」というホワイトハウスの公式説明を、大統領本人があっさり覆した。さらに、コミー解任の際にロシア疑惑のことを考えた、ともトランプは明かし、自らの大統領弾劾につながりかねない重大な「告白」をテレビのインタビューで語った。一種の精神安定剤だったはずの記者との会見が、トランプ本人にとっては大きな落とし穴になった。

ホワイトハウスを取材していて感じるのは、自国だけでなく世界の方向性をも決める判断をしなければならない米国の大統領の決断の重みだ。

ある米閣僚は私に、米国の政権が背負っているものは「深い責任だ(ディープ・レスポンシビリティー、deep responsibility)」と明かしたことがある。そう話したときの閣僚の表情は、得意げといった類いのものとは正反対で、苦渋に満ちたものだったことを私はいまもはっきり覚えている。

6月1日、トランプは、パリ協定からの離脱を発表した。そのときの硬い、神経質な表情は、私が3月末、ウェスト・ウィングで見た彼の最悪のときの表情と同じものだった。

米国を率いる重責を、最後は1人で担う大統領の孤独にどう対処するのか。オバマの側近は私に、オバマが深夜、部下たちの作った資料を徹底的に読み込み、毎日の決断に備えていた、と明かした。

トランプはときに、スタッフの説明よりもテレビや新聞のニュースに頼り、それらをもとにした深夜や早朝のツイートの荒れ方は本人の精神状態をあらわす。6月3日のロンドンでのテロの際、トランプがロンドン市長の対応を批判したツイートは、英国だけでなく米国内でもひんしゅくを買った。6月末、米MSNBCの女性キャスターについて、「整形手術でひどく出血していた」と侮辱したのもその一例だ。

トランプが、「大統領の孤独」と向き合い、それを飼いならすことができるのか。それとも、重みに耐えきれず自壊していくのか。

それが、トランプ政権、そして大統領弾劾の行方を決めることになると私は思う。

おわりに

7月4日、サンフランシスコはトランプが大統領になって初めての独立記念日を迎えていた。1月20日にトランプが大統領に就いてから半年近くが過ぎた。20年近くこの国を取材してきた私にとって、これまで経験したことがない混迷がいま、米社会を覆っている。

リベラルな地であるサンフランシスコでは、トランプに抗議する空気が強い。理由は言うまでもなく、ロシア疑惑である。しかし、その一方で、米国の半分には、ロシア疑惑を「陰謀論」としか思っていない人々が大勢いる。アルカトラズ島を背に霧の中で打ち上げられた恒例の花火を眺めながら、私は、年に1度の独立記念日にさえ結束できない米国の現実を感じずにはいられなかった。

本書は、ホワイトハウスの内部に分け入って取材する機会を幸運にも得た私が、オバマ、トランプ両政権の本質とせめぎ合いを描くと共に、大統領弾劾の行方を解き明かそうとしたものだ。そして、私自身がインナーサークルにどう入っていったのかを具体的に記すことで、記者に限らず、若い世代がどうやって外国の組織と付き合いうるのかのヒントにしてもらいたい、とも考えた。

私のつたない経験がどの程度役立つのかは正直、分からない。ただ、ネイティブの中でもとりわけ英語ができる人たちの中に入り、恥をかき続け、その場のルールを学んだ先に、インナーサークルの扉が姿を現したことを少しでも感じ取っていただければ幸いだ。

ただ、いくらドアをノックしようと、戸が開かなければ、中には入れない。その意味で、私を受け入れてくれたホワイトハウスの高官たちに感謝したい。オバマ政権の大統領報道官、ジェイ・カーニーやそのスタッフは、私のファーストネームを覚え、米主要メディアの記者同様に丁寧に接してくれた。

後任の大統領報道官、ジョッシュ・アーネストは、いつも真摯に、友愛の情を持って、私に接してくれた。ジョッシュは今回、もともとは公開できない約束だった、私がオバマに会った際の写真を、〈東日本大震災にまつわる日米の友情を示す重要なエピソード〉と位置づけてオフレコを特別に解き、本書への収録を許可してくれた。その誠実な対応にはいくら感謝してもし足りないほどだ。

オバマの外交政策を書いてきたベン・ローズは、その8年の外交政策を総括するインタビューを私に許してくれ、真の狙いと本音を余すところなく語った。ベンを外部から論評する記事はあまたあるが、ごく一部の米主要メディア以外で、彼が自身の考えを包括的に語った例を私は知らない。政権が終わる直前に彼と対話し、オバマ外交の等身大の姿を知ることができたのは、望外の喜びだった。

ホワイトハウスのインナーサークルに分け入る基礎体力をつけてくれたのは、財務長官時代のティモシー・ガイトナーである。彼は会見で手を挙げ続けていた私に、ほぼ毎回質問する機会を与えてくれ、良い質問のときには深い答えを、そうでもない質問のときにはいつも手厳しかった。本当に鍛えられた。そして、彼は、ウォール・ストリート・ジャーナルやフィナンシャル・タイムズの編集長クラスにしか許していなかった単独インタビューの機会を、最後の最後で、私にも与えてくれた。インタビュー後、ガイトナーに「頑張れ」と激励してもらったことをいまでも鮮明に覚えている。

本書を書くにあたっては、編集者の伊藤耕太郎氏に最初から最後まで大変お世話になった。本の方向性をシャープに見通し、そこに物語を重ね合わせていく力は、新聞記者である私にとって刺激的で、大いに勉強させていただいた。的確なアドバイスで、本を形にしていく骨格をつくっていただいた。その伊藤さんを紹介いただいたのは、朝日新聞編集委員の奥山俊宏氏である。奥山さんの力強い推薦がなければ、本書は実現しなかった。そして、書き進めるうえで、きわめて大事な示唆を何度も与えてくれたのは、朝日新聞に同期入社し、ダイヤモンド社の編集者を経て、現在は翻訳家として活躍するドイツ在住の倉田幸信氏だった。

朝日新聞常務取締役(編集担当)の西村陽一氏にはホワイトハウスを取材するうえでさまざまなアドバイスと支援をいただき、それが本書の礎になった。国際報道部長の坂尻信義氏からは米政権のありようと効果的な取材を進めていくうえでのアドバイスを数多くいただいた。オピニオン編集長の山口進氏からは全面的な理解と忌憚ない意見をいただき、米最高裁の重みという重要な示唆もいただいた。

そして本書を世に送り出すうえで、なくてはならない存在だったのは妻薫子である。小学校時代に作文で大臣賞をとり、私よりもずっと文章が上手な妻の、率直な意見と、文字通りの叱咤激励がなければ、本書が完成することはなかった。外資系金融機関での有望なキャリアをなげうって、私の外国駐在を支えてくれた妻の力があったからこそ、私は取材に没頭できた。今回、執筆作業が深夜と早朝に集中するなかで、妻や長男、長女にはさまざまな負担をかけた。前駐日米大使のキャロライン・ケネディから昨年10月、「男性は女性をいつでも手助けできる」と諭されたばかりだったのに、今回、私が本の執筆にからんで家族に多くの負担を負わせていたことが知れたら、彼女に怒られそうだ。
そして、子供の教育を考えて気仙沼から上京した亡き父と、母の決断がなければ、私がこうした取材の機会に恵まれることもなかったと確信する。本書の執筆中、私が母の見舞いに行く機会が減るなかで、母の世話を続けてくれた姉にも感謝したい。

米国での取材で、私に今後の示唆を与えてくれたのは、世界銀行の総裁時代のロバート・ゼーリックだ。歴史への造詣が深く、ジョージ・W・ブッシュ政権時代にいまの米国の対中政策の基礎をつくった彼は、相手の本質を射抜くような鋭い眼光で、インタビューしていてすごみを感じる。彼は「君の質問は面白かったよ」とお世辞にせよ評価してくれたうえで、「君は今後はもっと英語で貢献していったほうがいいね」とアドバイスをくれた。日本国内にとどまらず、英語の社会に、英語の文化圏のなかで貢献することで次の道が開けるという助言だった。率直に言って、私はまだそうした貢献はほとんどできていない。一段上のそうしたレベルに到達することができるよう、努力を続けたい。

こうしている間にも、トランプ政権は6月末、米最高裁から入国禁止令の一部執行を認められ、米国内は再び混乱している。トランプは既存の仕組みをどこまで壊すのだろうか。そして、勢いを増す中国、行動が予測できない北朝鮮、西欧との対立を強めるロシアに囲まれ、地政学上の要所に存在する日本が、リアルに、そしてしたたかにどう生きていくべきなのかを考えながら、取材を続けたい。

２０１７年７月４日　独立記念日のサンフランシスコにて

尾形聡彦

尾形聡彦
1969年生まれ．朝日新聞オピニオン編集部次長兼機動特派員．慶応大学卒．1993年，朝日新聞入社．米スタンフォード大客員研究員を経て，2002年から米サンノゼ特派員としてグーグルやマイクロソフトなど米IT企業を取材．08年にロンドン特派員，09年から12年までは米ワシントン特派員としてホワイトハウスを取材．15年から機動特派員としてホワイトハウス取材を再開．日本の財務省・政策キャップ，経済部デスク，国際報道部デスクも務めた．ツイッターは @ToshihikoOgata

乱流のホワイトハウス トランプ vs. オバマ

2017年7月27日　第1刷発行

著　者　尾形聡彦《おがたとしひこ》

発行者　岡本　厚

発行所　株式会社 岩波書店
〒101-8002 東京都千代田区一ツ橋 2-5-5
電話案内 03-5210-4000
http://www.iwanami.co.jp/

印刷・三陽社　カバー・半七印刷　製本・松岳社

ISBN 978-4-00-025504-2　Printed in Japan